日本仏教史研究叢書

糞掃衣の研究

その歴史と聖性

松村薫子

法藏館

口絵１　糞掃衣の一例（全体）

口絵２　糞掃衣の一例（部分）

口絵 3　製作中の糞掃衣

口絵 5　田相（部分拡大）

口絵 4　田相

松村薫子『糞掃衣の研究—その歴史と聖性—』

*左記の通り御訂正下さいますよう、謹んでお詫び申し上げます。

五八頁　七行目	（誤）pa msu-k la （正）pa msu-kɑ la
五八頁　一〇行目	（誤）rathika susa nasanka rak ta dɪ nam……pams nam （正）rathika susa nasanka rakɑ ta dɪ nam……pamsɑ nam
五八頁　一一行目	（誤）k lam……pamsuk lam （正）kɑ lam……pamsukɑ lam
五八頁　一五行目	（誤）（pa msu-k la）、「k la」 （正）（pa msu-kɑ la）、「kɑ la」
五八頁　一七行目	（誤）「pa msu-k la」、「k la」 （正）「pa msu-kɑ la」、「kɑ la」
五九頁　一行目	（誤）「pa msu-k la」 （正）「pa msu-kɑ la」
六〇頁　一行目	（誤）pamsuk lam （正）pamsukɑ lam
六五頁　一八行目	（誤）（ra jas ya-王を産むもの、の意） （正）（ra jasɑ ya-王を産むもの、の意）

糞掃衣の研究——その歴史と聖性——＊目次

装幀　山崎　登

糞掃衣の研究

――その歴史と聖性――

序章　研究の課題と対象

第一節　研究の課題と対象――先行研究をたどりながら

本書は、「糞掃衣《ふんぞうえ》」という仏教の僧侶が着る特殊な衣服すなわち宗教者の着る衣服についての研究である。しかし、ここでは糞掃衣を可能なかぎり多角的な視点から満遍なく考察するのではなく、限定した視点から糞掃衣とは何かを考察することを目的としている。すなわち、総合的研究を試みるのではなく、糞掃衣を含む僧侶の衣服をつくる集団を実地調査し、その団体において特別な衣服とされる糞掃衣を中心に研究を展開するものである。そのために、糞掃衣の製作活動、それを支える糞掃衣についての言説（理念）と歴史的展開から、なぜその集団において糞掃衣が特別な衣服とされているのかについて、被服史や仏教学、宗教民俗学などの成果や方法を活用しながら明らかにしていくものである。

衣服とは、人間が身体を部分的あるいは全体的に覆うために着用するものである。衣服の着用は、人間を動物から分けることになった重要な文化要素で、食・住と並んで、人類の生活に不可欠な要素である。このように人間と関わりの深い衣服を研究することは、人間の生活や思想を明らかにすることにつながると考えられ、多様な面からの研究が行われてきた。

衣服に関する研究は多いが、本論に直接関係するものは少ない。以下、そうした研究を概観しておく。

衣服には、大きく分けて二つの機能があるとされる。一つは、身体保護、生理的欲求を満たすという〈実用的機能〉である。二つめは、人間の自己主張の一つとしての、装う、飾るという、社会的・文化的欲求を満たす〈象徴的機能〉である。

〈実用的機能〉は、衣服の形、素材、製法、用途、保存、歴史に関する研究である。この研究の流れは、衣服の歴史的、民族的変容をたどるものと、快適な衣服生活のあり方を考えるものがある。

衣服は、人体、風土、民族生活、材料、性別に影響され、多様な形態のものが生まれてきた。その歴史的、民族的変容を研究したものとして、アドルフ・ローゼンベルク『図説服装の歴史』（一九〇五年）がある。ローゼンベルクは、古代エジプト、ギリシャ、ローマの服装から十九世紀までの西洋服装史をまとめた。また、西洋以外の諸地域の民族衣装についてもまとめている。図像を用いながら、衣服の素材や形、製法、用途について述べている。これまでの衣服研究の主流は、ローゼンベルクの研究のように、衣服の形、用途、歴史などを分類してまとめる研究で、日本においても、例えば後藤守一『衣服の歴史』（一九五五年）などのように、衣服の歴史研究が中心である。

快適な衣服生活のあり方を考える研究は、主に家政学や工学（化学）の分野で研究が進められている。庄司光は、『衣服の衛生学』（一九六一年）で、快適な衣服の素材の質や量を詳しく分析し、実験データに基づく成果を挙げている。衣服の洗濯や保存に関する研究としては、矢部章彦・林雅子『被服整理学概説』（一九六七年）がある。

〈象徴的機能〉は、衣服の象徴的な機能を研究するものである。衣服の実用的機能だけでなく、社会の中でどのような意味を持つのか、という視点からの研究である。P・G・ボガトゥイリョフ『衣裳のフォークロア』（一九三七年）や、アリソン・リュリー『衣服の記号論』（一九八七年）によれば、衣服には、性別、身分、集団への帰属、職業、富などを表示する機能があるとされる。こうした研究は、さまざまな視点からのアプローチが可能であるために、哲学、社会学、人類学、民俗学、心理学をはじめとするさまざまな分野で研究されてきた。例えば、R・B・ヨハンセン『着装の歴史――人間と衣服の相関――』（一九六六年）、フィリップ・ペロー『衣服のアルケオロジー――服装からみた十九世紀フランス社会の差異構造――』（一九八一年）などがある。ヨハンセンは、項目別に衣服を分類し、衣服の形態と象徴面を総合的に分析している。ペローは、十九世紀フランスのブルジョア社会におけるモードの記号的意味を考察した。

衣服は外面的な作用だけでなく、着用者の内面にも影響を及ぼす。そのため、心理学を合わせた研究も行われるようになった。これらの研究により、心理的な状態が衣服にどのような作用を及ぼすのかという点が明らかにされた。そうした研究には、神山進『衣服と装身の心理学』（一九九〇年）などがある。このように、衣服研究は、各分野、各地域、各時代ごとにおける研究が進み、また、形態や使用方法、歴史、着用者の心理、社会との関わり、身体との関わりから衣服を考えるという観点からの成果も挙げられている。

ところが、こうした膨大な研究蓄積がありながらも、宗教服についての研究はきわめて少ない。衣服研究者が特殊な服とみなされてきた宗教服に言及する場合には、概説的記述に留められるのがほとんどである。

ここでいう宗教服とは、宗教に携わる宗教者の着る衣服である。宗教に携わる立場の者を宗教者として見る共通認識が存在する社会において、宗教服を着ると、その人は、一般の人と区別され、〈宗教者〉として認識されるようになる。宗教者であるということを他者に認識させる意味で、宗教服は重要な役割を担っている。宗教服は、宗教によって着る服が異なっている。キリスト教の司祭が着る服、神道の神主が着る服、仏教の僧侶が着る服、といった具合に、それぞれ名称も形態も異なる。特に深い知識がない場合であっても、僧侶と神官の区別は衣服の違いでわかる。同じ宗教であっても、宗派が細かく分かれる場合、衣服で宗派の違いを示す。

宗教服は、他者に対して、その衣服を着ている人が宗教に携わる宗教者であるということを示し、何の宗教者なのか、宗派は何か、ということを示す。また、それぞれの宗教の理念によって衣服についての規定があることから、その宗教の特色を表すものでもある。宗教服を身に纏うと、纏ったその人は、宗教的世界とつながりを持つ人として一般の人と区別される。つまり宗教服を着ることにより、聖なる人あるいは聖性を帯びた人として他者に認識されるのである。このように一般の人と区別し、聖なる人に変身させる機能を持った衣服が、宗教服であるといえる。そして、衣服自体も日常の衣服と区別され、宗教と関わり合う特別性を帯びた衣服として扱われるようになる。宗教者がその衣服を脱いで、衣服それ自体が孤立して存在する場合でも、宗教者が着る衣服であるという認識がなされた場合、特別な性格を持った衣服として扱われることになる。例えば、イエス・キリストの衣服のよう

に、衣服に触れるだけで病気が治るという言い伝えがあるものもある。(1)

これまでの宗教服研究は、〈実用的機能〉の研究が多い。キリスト教、仏教、神道の衣服と、それぞれの宗教に分かれた概説的研究が中心である。そしてそれらの研究を中心的に行ってきたのは、衣服研究者ではなく、修道女、僧侶、神官という、それぞれの宗教に携わる立場の人間であった。自分の宗教の衣服がどのようなものであるかを明らかにするということが主な研究目的である。それゆえ、その宗教服の歴史、形状、製法、着用法に焦点が当てられている。例えば、神官である星野文彦は『祭祀服の概説』（一九八九年）で、神道の祭祀を行う際の衣服についてまとめている。星野は、祭祀を行う衣服の歴史、形状、着用法を図解や写真入りで詳しく説明している。

概説的でかつ実用的な面からの研究が主流を占める中で、〈象徴的機能〉を考察したアウグスチナ・フリューラー『新しい祭服』（一九六六年）は重要である。フリューラーは、スイスのカプチン会聖クララ女子修道院の祭服製作所で指導している修道女である。(2)この研究においてフリューラーが、司祭のあるべき姿を宗教服の形態に見いだしているのは注目すべき点である。司祭の考え方の乱れが祭服の形や色、素材に象徴的に現れているとし、それゆえ現代の司祭服は、華美なものになり、形も変化したと述べる。フリューラーが意図する研究目的は、祭服の正しい形態を説くことにより、本来の司祭のあるべき姿を取り戻すことにある。この指摘は、本稿の展開において大いに参考となった。

フリューラーのように、宗教服研究は、宗教者の心構えの問題を論点にしているものが多い。これは、宗教者の心構えの乱れを衣服を通して指摘し、正しい宗教服に戻すことによって心構えも戻そうとする試みである。祭服のみならず、こうした研究の視点は、仏教衣服の研究においても同様である。

すなわち、僧侶の心構えを粛正するために正しい衣服の研究をするというのである。このように、宗教者による宗教服研究が、特定の宗教者のための特殊な研究で終わっているのは、宗教服を特殊な衣服としてのみ考えているからである。しかし、衣服は、人間と密接に関わり、その思想を反映しているものであって、宗教服もその一つに含まれているにすぎない。そう考えると、宗教服研究からも、宗教者だけではなく、多くの人々の考え方につながる研究成果を挙げられるはずである。それを本論で示したいと思う。

宗教服は、宗教者が着る衣服なので、それ自体で特別性を持った衣服であることは確かである。しかし、宗教服の特別性は、宗教者が着ているから特別性を帯びる、という理由だけで発生しているのではない。本稿で論じるように、宗教服の特別性の発生には、さまざまな要素が関わっている。宗教服のように、衣服を他の衣服と区別し、差異を与え、特別な衣服として成立させる要因には何があるのか。おそらく、衣服に特別性を持たせる要素を分析し、明らかにしていくと、宗教服に与えてきた地域や時代による価値観の違いも見えると思われる。そして、この考察は、人間はどのように差異を持たせるのか、何を特別なことだと考えているのか、という問題を考えることにまでつながるであろう。

論者がその特別性を考えるにあたって特に着目したのは、衣服の素材となる布やそれを縫い合わせて衣服に仕立てるという行為である。

これまでの衣服研究において、衣服のもとになっている布それ自体に付与する意味や、製作者が布を用いて縫うという行為自体によって布に刻み込まれた意味については、あまり議論されてこなかった。布自体を考察する研究は多いが、衣服分析を布や縫うという行為に焦点を当てて考える研究は少ない。布に付与する意味については、アメリカでは、ジェーン・シュナイダー、アネット・B・ワイナー『布と人間』（一九八八年）や、日本においては、日本民族学会で「布と人類学」（二〇〇〇年）という特集が見られる。しかし、宗教服については研究されていない。また、上述のような視点からの研究はフリューラーが少し触れる程度である。

それゆえ本稿で論者は、宗教民俗学的な研究方法であるフィールドワークによって具体的な分析対象を選び出し、これまでの宗教服研究であまり議論されてこなかった、布自体に付与される意味や製作者が布を用いて縫うという行為に付与する意味に、焦点を合わせた考察を行うことにした。すなわち、そうした考察を行うために、愛知県一宮市の曹洞宗寺院で活動する福田会という団体で製作される、〈糞掃衣〉という仏教僧侶の身に着ける袈裟を中心にして考察を行い、そこから宗教服の特別性の発生について考えてみたい。

第二節　袈裟と糞掃衣およびその研究略史

糞掃衣とは、仏教僧侶の〈袈裟《けさ》〉といわれる衣服の一種である。袈裟は、仏教で僧侶になると持たなければならない重要なものの一つである。宗派によって持ち物には若干の違いがあるものの、僧侶になると、おおむね法衣《ほうえ》、袈裟、帽子、数珠、扇子、頭陀袋《ずだぶくろ》、鉢などを持つ。この中でもとりわけ歴史が古く僧侶にとって重要なのは、「袈裟」と「法衣」という衣服である。「法衣」は着物にあたるものを指し、「袈裟」は法衣の上に着けているものを指す。袈裟や法衣は、僧侶となる儀式である得度式の際に与えられるもので、出家者の証ともいえるものである。僧侶は、必ず袈裟を持つことが定められているので、基本的にどこにいる時でも常に所持しなければならない(3)。

僧侶にとって袈裟は、単なる衣服とは異なる。例えば高野山では、「法印転衣式《ほういんてんねしき》」という儀式が毎年三月にある(4)。この儀式は、法印といわれる最高位の僧侶が一年間即位する時、法を継ぐしるしとして緋色の袈裟と法衣を受けるという儀式である(5)。「衣鉢を継ぐ」という言葉があるように、袈裟は、法の伝授の証ともなる。禅宗では、これを「伝法衣《でんぼうえ》」という。「伝法衣」とは、師の袈裟を法の伝授の証として法そのものの受け渡しのごとく弟子に伝えていくという習慣である(6)。衣服は直接本人が身に着けるものなので、師の袈裟を受けるということが、法の受け継ぎや師の教えを形として感じとるのに大変効果的なのであろう。このように袈裟には、こうした法の伝授と同様の価値づけがされたりする。

また、袈裟については、「龍がもし、袈裟の一本の糸くずでも身に被うことができれば、龍が恐れる金翅鳥に殺されない(7)」、あるいは「海を渡る時に袈裟を持っていると龍魚諸鬼の難から免れる(8)」、「唐の時代、糞掃衣という袈裟を作って戦の時持っていったところ向かうところ敵なしであった(9)」といった話がある。こうした袈裟の呪力は「袈裟の功徳」といわれ、袈裟の不思議な力についての話はこのほかにも数多く存在する。

袈裟に「伝法衣」「袈裟の功徳」という重要な意味づけが行われるのは、釈尊が考案して経典に定めた衣服であること、釈尊が身に着けたのと同じ衣服であるということに由来する。仏教では、悟りの状態に至ることを目的としており、その状態に至るために、物事に対しての執着をおこさないということが求められる。それゆえ、それに応じた衣食住のきまりが経典上に定められている。袈裟は、衣服における貪りの心をおこさないために定められたのである。それゆえ、仏教僧侶にとって袈裟という衣服は、釈尊の教えを形に表したものであり、仏を身に着けることと同様だという考え方がある。袈裟は、「解脱服《げだつふく》」「功徳衣《くどくえ》」等の別名が多く存在するが、「身に着けるだけで功徳がある」「触れるだけでも功徳が得られる」衣服とされ、通常の衣服とは価値が異なっている。袈裟は、身に着けるだけで「悟り」「解脱」へ至るとされる究極の効果へつながっていく衣服なのである。つまり袈裟という衣服は、単なる衣服を超えた特別性を持つ衣服であり、仏そのものの象徴としても捉えられ、特別な力が発生すると考えられている衣服である。一般の衣服と袈裟が違う最大の点はここにある。

現代の日本において、袈裟は、法衣店で購入するのが一般的である。しかし、糞掃衣は、法衣店で購入することのできない袈裟である。糞掃衣は、福田会という袈裟を縫う集団がつくっており、そこで最上の袈裟とされている。もし、現在僧侶が着る袈裟に僧侶や信者が聖性を見いだすことがあるとすれば、ひとまず、その聖性の本源は、上述のような伝承に求められると考えられる。

糞掃衣についての具体的な議論に入る前に、ここでこれまでの袈裟に関する先行研究を略述しておきたい。日本では、室町時代に仙祐『比丘六物図私抄』（一五〇〇年頃）、定珍『素絹記』（一五七一年）などが著され、その中で簡単な袈裟の研究がなされている。しかし、江戸時代に入ってから本格的な袈裟研究書が著されるようになった。これは、江戸時代の仏教において戒律復古の動きがあり、それとともに、戒律通りの袈裟についての研究も盛んに行われるようになったためである。中でも、養存

『仏祖袈裟考《ぶっそけさこう》』（一七〇三年）、鳳潭『仏門衣服正儀編《ぶつもんえぶくしょうぎへん》』（一七二六年）、光国『僧服正検《そうぶくしょうけん》』（一七三〇年）、慈雲《じうん》『方服図儀《ほうぶくずぎ》』（一七五一年）、面山《めんざん》講述、慈方収録『釈氏法衣訓《しゃくしほうえくん》』（一七六八年）、黙室《もくしつ》『法服格正《ほうぶくかくしょう》』（一八二一年）、などが代表的な研究である。これらは僧侶による研究であるため、経典に説かれる袈裟はどのようなもので、宗派の正しい袈裟とはどのようなものか、儀式で用いる袈裟はどのような袈裟か、という内容が主である。江戸時代には、金襴袈裟《きんらんげさ》が横行し、正しい袈裟の姿というものが忘れ去られていた。僧侶の生活は乱れ、世俗の人々から生活の乱れの象徴として金襴袈裟が厳しく批判されていた。そこで、それらの研究書では、経典に説かれる袈裟を明らかにし、僧侶本来の姿を追求することに主眼が置かれた。

明治時代には、上田照遍『著衣顕正録《ちゃくえけんしょうろく》』（一八八四年）が著された程度で、袈裟の研究は一時廃れたかのように見えた。だが、昭和に入って、再び袈裟研究が盛んに行われるようになる。

昭和に入ってからの代表的な袈裟の研究として挙げられるのは、沢木興道《さわきこうどう》監修・久馬慧忠《きゅうまえちゅう》編集『袈裟の研究』（一九六七年）と、井筒雅風『法衣史』（一九七四年）・『袈裟史』（一九六〇年）である。久馬は曹洞宗僧侶であり、沢木から学んだ袈裟の研究を深め、一般の人々にも読みやすい袈裟の作り方も含めた全般的な概説書を著した。井筒は京都の井筒法衣店の社長であり、江戸時代から続く法衣店の資料も用いつつ、袈裟と法衣の歴史的展開をまとめた。その後の袈裟研究は、仏教学、衣服学、歴史学、民俗学、美術史の分野から研究されているが、大半はこれらの文献を基本にして研究を進めている。

近年の袈裟研究の中心は、以下の系統に分かれる。

①形、素材、色、歴史、用途などの袈裟概説的なもの
②袈裟研究書を考察したもの
③祖師、宗派の袈裟についての考え方を考察したもの

①形、素材、色、歴史などの袈裟概説的なものについては、主に仏教学、民俗学、衣服学、美術史の分野で研究されている。仏教学からは、中村元「衣服についての規定」（一九六九年）や佐藤密雄「仏教の衣制」（一九六三年）、平川彰「三衣について」（一九七二年）等がある。これらは、戒律からインドにおける袈裟を明らかにする研究である。民俗学は江馬務が「日本法衣史」という論文を『大法輪』で、昭和四十三年二月から昭和四十六年四月にわたって掲載している。衣服史の分野では、保刈《ほかり》禎子《さだこ》、鳥居本幸代、弓削公子が最も袈裟について研究しており、保刈禎子は、中国、韓国、日本の袈裟の形状などを調査し、『やさしい「御袈裟」のはなし――アジアの国々の僧はどんな法衣を着ているのだろう――』（一九九四年）を著した。鳥居本幸代は「三衣の大きさについて」（一九八四年）、「法衣の色彩――とくに紫衣に関して――」（一九八五年）ほか、多く研究成果を挙げている。弓削公子は、「僧服に関する研究」（一九七〇～九一年）というタイトルで、時代別に袈裟を考察している。美術史は、遺品分析が中心で、切畑健「空谷明応所用袈裟」（一九八二年）等がある。儀礼で用いる袈裟については、日野西眞定《ひのにししんじょう》「金剛峯寺の年中行事――特に御衣替について――」（一九九八年）、平井郁子・軍司敏博「奈良東大寺修二会に用いられる法衣（紙衣・重衣・袈裟・修多羅）」（二〇〇一年）、大野信光「室内伝法の法衣と同作法中の袈裟の扱い方について」（一九七六年）等がある。

②袈裟研究書を考察したものは、仏教学の川口高風と道元研究者の水野《みずの》弥穂子《やおこ》の研究が代表的であ

る。水野は、『正法眼蔵』の注釈書も著しており、『道元禅師のお袈裟――正法眼蔵袈裟功徳を読み解く――』（一九八七年）で、道元の「袈裟功徳」巻の注釈書を著している。川口は、曹洞宗の袈裟研究書や近世の袈裟を中心とした研究をしており、『法服格正の研究』（一九七六年）という注釈書的研究のほか「江戸時代の袈裟復古運動」（一九七五年）等、多くの研究がある。

③祖師、宗派の袈裟についての考え方を考察したものについては、関口道潤『日本曹洞宗初期教団における法衣の研究』（一九九二年）、川口高風「道元禅師の袈裟信仰と戒律」（一九七四年）、大門照忍「親鸞の袈裟観」（一九八一年）、泉浩洋「慈恵大師と法衣等の一考察」（一九八四年）、鳥居本幸代「日本天台における袈裟観――傳教大師遺誡にみる服の意味について――」（一九八四年）等がある。道元は非常に袈裟を深く追究した僧侶であるため、道元の袈裟観、曹洞宗の袈裟に関する研究が多い。

袈裟の研究は、どの分野においても、特殊な研究として捉えられている。本論で取り上げる糞掃衣は袈裟の特殊形であるため、さらに先行研究は少ない。糞掃衣については、これまでほとんど研究されてこなかったと言っても過言ではないのである。

「糞掃衣」の先駆的かつ唯一の研究は、仏教学の阿部慈園の「『袈裟功徳』の巻における十種糞掃・四種糞掃」（一九八〇年）という論文である。これは、道元の『正法眼蔵』で挙げられる十種糞掃と四種糞掃の項目がどの律典を典拠とするものであるのかを明らかにしたものである。阿部は「糞掃衣考」（一九八五年）で、頭陀行という修行の中における糞掃衣がいかなる袈裟であるかについて考察している。いずれも経典分析による考察である。阿部以外の研究では、アメリカ人のMarie Lymanが“Distant Mountains : The Influence of Funzo-e on the Tradition of Buddhist Clerical Robes in Japan”（一九八四年）で、糞掃衣の意匠について考察している。

このように「糞掃衣」に関しては、これまでほとんど研究がされておらず、糞掃衣そのものについても明らかにされていない状態であった。そのため、まず糞掃衣という衣がいかなる衣であるのかというところから研究を始める必要があった。そこで、論者は『「糞掃衣」研究』（一九九八年・修士論文）で、糞掃衣がいかなる袈裟であるのかということを、経典、技法、意匠、絵画資料等、さまざまな視点から明らかにした。次に、そこから一歩進めて糞掃衣の日本での展開における思想の部分に焦点を当てる研究を行った。それが「糞掃衣の展開――道元の解釈を中心に――」（二〇〇〇年）である。

これまでの袈裟研究は、他の宗教服研究と同様、僧侶が自分の袈裟の正しい姿を知る目的で研究することが大半であった。このため、袈裟の理念、袈裟の歴史、素材と技法、宗派の教学、各宗派の正しい袈裟のあり方に主眼が置かれてきた。それらは、これまで不明な点の多かった袈裟についての形態や歴史などを明らかにした点で、研究成果は非常に評価できる。しかし、いずれも宗教者以外の人々の思想につながるような研究視点を欠いており、このため特殊な研究とされている。そこで本稿では、以下で論じるように、論者のこれまでの研究を発展させるとともに、宗教服研究の新たな可能性を見いだすため、糞掃衣の布と製作の視点から特別性の発生要素を探ってみることにする。

第三節　本書の構成

第一章では、福田会《ふくでんかい》という団体の糞掃衣の製作活動を明らかにするとともに、この団体における糞掃衣についての考え方を考察する。

福田会とは、袈裟を製作する団体である。福田会の人々は、法衣店で売っている華美な袈裟に異論を唱え、如法衣《にょほうえ》といわれる仏教経典に定められる通りの袈裟を手作りで縫っている。この福田会については、先行研究がなく、実態が明らかにされていない。それゆえ、論者が調査を行っている一宮福田会の活動内容や、如法衣や糞掃衣の製作について明らかにする。そのうえで、福田会の人々が、糞掃衣を特別な袈裟としていることについて述べる。

第二章と第三章では、経典の記述、そして道元、慈雲、沢木興道の言説をもとに、糞掃衣の理念的な歴史を考察する。福田会では、糞掃衣が、他の袈裟と比べて特別性を持つとされる。その理由として、経典の記述や、道元、慈雲、沢木興道の言説が引用される。しかしながら、福田会で製作される糞掃衣と、経典や道元などの言説における糞掃衣には、明らかな差異が見られる。福田会の糞掃衣は、経典通りに製作するという前提に立ちながら、そこで製作される糞掃衣は経典で説かれる布や製法通りとはいい難い。にもかかわらず、福田会では、それが経典に説かれる糞掃衣と同一であるという認識を持っている。そして福田会の糞掃衣は、経典と差異があるにもかかわらず、特別性を持っているのである。したがって、日本の糞掃衣が特別性を持つのは、別の要因があるということになる。

第四章では、第一章から第三章までの調査・考察を受けて、福田会で製作される糞掃衣が特別性を帯びる理由として考えられる主要な要因を取り上げ、それぞれ詳しく考察する。

結論では、本論での考察を整理・概観したうえで、糞掃衣の特別性もしくは聖性の発生要素についての考察をするとともに、併せて今後の課題を述べる。

註

（1）下田淳『ドイツ近世の聖性と権力――民衆・巡礼・宗教運動――』、青木書店、二〇〇一年十二月、二六〇～二六二頁。

（2）アウグスチナ・フリューラー『新しい祭服』、南窓社、一九六六年、一三三頁。

（3）現代の僧侶は、教師など一般の職業も兼ねていることが多いため、背広や別の衣服を着る時もあり、常に肌身離さずというのは難しい。厳格に袈裟の所持を守る僧侶は、袈裟を着ていない時、「小三衣」という袈裟のミニチュアを所持して、身から離さないようにしていることもある。しかし、そうした袈裟を身から離さないという考え方も廃れており、持ち歩く人もそう多くはないのが現状である。

（4）日野西眞定『高野山四季の祈り――伝灯の年中行事――』、佼成出版社、一九九五年六月、三九～四〇頁。

（5）同、三九～四〇頁。

（6）切畑健「伝法衣の思想――達磨の袈裟を中心に――」（『禅の美術』、京都国立博物館、一九八三年三月）二二〇頁。

（7）『大正大蔵経』第三巻、三一四頁a。

（8）同、三一四頁a。

（9）慈雲「法衣発願裁製之簿第壱」（『慈雲尊者全集』第十六、思文閣出版、一九七四年七月）二九～三〇頁。

第一章　福田会における糞掃衣製作活動

はじめに

現代の僧侶は自分が用いる法衣や袈裟をどのように入手しているのだろうか。いうまでもなく、そのほとんどを法衣店に注文して購入している。檀家に布施をしてもらい、そのお金で購入するのである。仏教では本来、三衣《さんね》といって、三枚の袈裟を持つだけ、というきまりがあった。だが、現代では購入枚数に制限はない。檀家が布施をしてくれるのに応じて自由に所持でき、僧侶自身が購入する場合も、着物を買うのと同じ感覚で、自由に購入できるのである。法衣店では、袈裟のカタログをつくり、それを各寺院へ配っている。それゆえ、現代の袈裟はカタログ販売が主である。

カタログによると、大体、五十万円から百万円台の袈裟が主流で、高価な袈裟は、一千万円というものもある。そのほとんどは、金襴袈裟や刺繡袈裟などの華麗なものである。袈裟の価格が高いのは理由がある。素材となる裂《きれ》が高価で、しかも袈裟をつくるにはかなり手間がかかるからである。

ところが、こうした法衣店で売っている華美な袈裟に異論を唱え、如法衣《にょほうえ》といわれる仏教の定め通りの袈裟を手作りで縫っている人々の団体がある。それが〈福田会《ふくでんかい》〉である。福田会の〈福田〉という語は、仏教の福田思想に由来している。例えば『中阿含経』第三十には、この〈福田〉が、以下のように説かれる。

世中凡有二種福田人。云何為二。一者学人。二者無学人。（中略）於是世尊。説此頌曰。

世中学無学　可尊可奉敬
彼能正其身　口意亦復然(1)
居士是良田　施彼得大福

《世の中に凡そ二種の福田人有り。云何が二と為す。一は学人、二には無学人なり。（中略）是に於て世尊この頌を説きて曰はく、世の中の学、無学あり尊ぶべく奉敬すべし、彼能くその身を正し、口意も亦復然り。居士、是れ良田なり、彼に施して大福を得ん。(2)》

現代語訳するならば「世の中に二種の供養を受けるに価する人がいる。何をもって二というか。一は学人、二は無学人である。（中略）これによって世尊はこの頌を説いて言った。世の中には学人、無学人がいるので尊ぶとともに敬いなさい。彼はよくその身を正し、話すこともまたそのようである。居士よ、これが良田である。彼に施せば大福を得るのである」となる。すなわち、〈福田〉というのは、田に種を蒔くと収穫が得られるように、施しをすればよく福が生じるという意味、つまり「福を生じる田」という意味である。この考え方を袈裟の形にもあてはめ、袈裟を「福田衣《ふくでんえ》」ともいうことがある。こうした「福田」の思想や袈裟の別名である「福田衣」を踏まえて、袈裟を縫う会としての名称を〈福田会〉としたのである。

福田会という団体は、全国各地に存在し、現在三十箇所以上で活動している。団体によって多少の違いがある。しかし、共通しているのは、仏典にかなった如法衣を縫い、中でも糞掃衣という袈裟を最上の袈裟として布を集めてつくっている、ということである。

福田会という団体については、テレビや宗教雑誌等で簡単に紹介されることはあったが、具体的にどのような活動を行い、またそこで縫われている糞掃衣がいかなる袈裟であるのかという点について、これまで研究者によって詳しく調査されたことはなかった。

そこで、論者は、この福田会で縫われている糞掃衣という袈裟がいかなる袈裟であるのかを、縫っている人々に即して明らかにするために、愛知県一宮市の曹洞宗寺院で行われている一宮福田会に一九九九年五月から調査に入り、一宮福田会の人々と共に製作にも参加して、製作指導者や参加者たちから聞き書きを行ってきた。(3) 以下では、福田会とはどのような団体で、どのようなことが説かれているのか、糞掃衣はいかなる袈裟でどのような布と製法でつくられているのかという点を中心に、実地調査に基づいた記述と考察を行う。

第一節　福田会とは何か

昭和六年、曹洞宗僧侶沢木興道は、黙室の著した袈裟研究書『法服格正』の「提唱《ていしょう》」（講義）を始めた。これをきっかけにして、やがて袈裟に関心のある人々が集まり、昭和三十年代後半から本格的に〈福田会〉という「袈裟を縫う会」が日本各地にできることとなった。この沢木興道という人物は、曹洞宗の中心的な僧侶で、宿無し、家族なしを貫き、その生き方は多くの人に影響を与えている。

福田会は、当初、寺院や個人の自宅等に袈裟に関心のある人々が集まって、少人数でこじんまりと活動していたようである。現代では、関心のある人が増えたので、福田会を行う寺院が増え、また、参加者も年々増える傾向にある。それぞれの福田会では、二十人前後で活動している。三十箇所以上ある福田会のほとんどは曹洞宗、真言宗の寺院を中心に行われており、曹洞宗、真言宗が袈裟づくりに関心が深いということがうかがえる。曹洞宗、真言宗が袈裟に関心が深いのには理由があるが、それについては後述する。

数ある福田会の中で中心的な役割を担っているのは、道元研究者である水野弥穂子氏が東京の自宅と青松寺観音聖堂で主催している東京の福田会と、論者が調査に入っている『袈裟の研究』の著者久馬慧忠氏が主催する、愛知県一宮市の曹洞宗常宿《じょうしゅくじ》寺で行われている一宮福田会である。

水野氏は、道元の『正法眼蔵』の研究を長年行い、注釈書も著している仏教学者である。『正法眼蔵』の研究を行ううち、袈裟の研究に深く傾倒するようになった。そして袈裟についての研究を行い、袈裟づくりを提唱していた曹洞宗沢木興道の生き方をも尊敬するようになった。沢木興道にすぐに会う機会はなかったが、まず袈裟について指導を行っていた曹洞宗僧侶橋本恵光に出会い、機会を得た。橋本恵光の弟子の吉田恵俊尼僧のところで、袈裟を縫うことを教わったという(4)。やがて水野氏は、多くの人が袈裟を着けて坐禅ができ、また東京で気軽に袈裟を縫える場が必要だと考え、当時熱心に袈裟を縫っていた中森芳心氏と話し合い、昭和三十九年五月九日に三人で第一回の会を始め、現在に至っている(5)。沢木興道に会の名称をつけてほしいと頼み、「福田会」という名前をもらったという(6)。

水野氏主催の福田会の活動は、以前、観音院での袈裟を縫う様子がテレビで放映されたことがあった。

それ以来、袈裟を縫いたいという人が大勢集まってくることになったという。

一宮福田会の主催者久馬慧忠氏は、沢木興道の下で袈裟について学び、『袈裟の研究』を著した僧侶である。この『袈裟の研究』は、袈裟の理念と歴史などの基本的知識はもちろんのこと、巻末に袈裟の寸法の割り出し方や縫い方が非常に丁寧に記されており、全国の福田会では、袈裟を縫う時には主要なテキストとして用いている。それまでの袈裟研究においては、序章ですでに述べたように、袈裟についての理念や歴史の研究が多く、実際の縫い方について著したものはなかった。そのため『袈裟の研究』は、非常に画期的な研究であったといえよう。

『袈裟の研究』を著して以来、久馬氏のもとに袈裟についての問い合わせが多数寄せられた。しかし手紙等では袈裟の縫い方を充分に説明できず、実際に袈裟を縫って見せるための会を設ける必要が出てきた。そこで常宿寺の庵主を勤める岡本光文《おかもとこうぶん》氏に相談し、そのための会として福田会を開くことになったのである。(7)これが現在の一宮福田会の始まりである。一週間あれば講義や坐禅に時間を費やしても七条袈裟一領は縫い上げる充分な時間があり、会期中に出来上がらなくても一人で完成させるまでの指導はできるので、会期を一回につき一週間をめどにして会を持つことにしたという。(8)岡本氏は、当初、昭和四十年代の世情から考えて、身体の神経を眼と手に集中しなければできない袈裟づくりに、はたして時間を割いて来てくれる人がたくさんあるだろうか、と懸念したという。しかし、会を開くかぎりは根気強く会を運営し、一人でも参加する人があれば有り難いと考えて、たとえ一人も来なくなっても務める覚悟がないと続かないと久馬氏に言ったという。(9)そして、それでも会をつくろうと決心して、久馬氏の自坊である一宮市の成福寺で、昭和四十三年十月に第一回目の会が開かれたのである。[10] それ以後、春と秋の年二回ずつ行うことになった。四回ほど成福寺で行った後、第五回目から場所を岡本の常宿寺に移し、それまでの経験を踏まえ期間を五日間に短縮することにした。そして、昭和四十三年から三十年以上の間、一度も休むことなく現在まで続けられている。

主催者の久馬氏は沢木興道の遺志を継ぎ、袈裟についての研究の執筆活動をはじめとして、全国にある福田会へ指導に出向き、縫い方を教えている。それゆえ、久馬氏は現代の袈裟研究の第一人者といえるであろう。久馬氏の把針《はしん》指導（袈裟を縫う指導）は、遠く海外にも及び、アメリカ、ドイツ、フランスなどの曹洞宗の海外普及の拠点である禅センターなどにも赴いている。

現在、一宮福田会の活動においては、久馬氏は提唱（講義）を行うのみで、実際の把針（縫う）指導は常宿寺の岡本氏が行っている。また岡本氏は依頼に応じて各地の福田会へ把針指導に赴いている。また、一宮福田会に集まる僧侶たちは、そこで教わった把針を各自の寺で福田会を開いて教えている。福田会では、袈裟製作ができる人ならば別に僧侶でなくとも誰でも指導できることになっているが、実際のところ、袈裟の縫い方について知っている人は少ないので、教えることのできる人は限られる。それゆえ各福田会では、僧侶あるいは住職の妻が指導していることが多い。

一宮福田会に参加している人々を見ると、曹洞宗の僧侶と尼僧、寺院の妻や活動に共感を持つ一般の主婦たちである。どこの福田会でも比率からすると女性の参加者が多い。構成員を見ると、曹洞宗の僧侶をはじめとする約十五人から二十人の人々が集まっている。一宮福田会では、僧侶の数より、僧侶以外の人数の方が多い。その中には檀家もいるが、檀家や信徒に限定されているわけでない。一宮福田会は曹洞宗寺院で行われているが、真言宗寺院住職の妻や浄土真宗寺院住職の妻も参加しており、活動の場では宗派は問われない。袈裟を縫う会を開催している地域が近くにないという理由から、一宮福田会には、秋田や九州という遠方から来る人もいる。毎回参加している常連の人がいる一方で、新しい参加者も毎回二、三人加わる。水野氏のところで以前習っていた人が、そこで一宮福田会を紹介されて訪れる場合もある。最近では、仏教雑誌『大法輪』に掲載された久馬氏の文章を読んで袈裟を縫う会の存在を知り、直接問い合わせて来る人や、座禅会で知り合いの僧侶から袈裟を縫う活動を聞いて参加するようになった人もいる。

一宮福田会では、近所の主婦たちが毎回参加しており、他の人が坐具（僧侶が坐る時用いる敷物）を縫うのを手伝ったり、袈裟を入れる袋の作製を手伝ったりなど、岡本氏の手伝いをしている。最近では、近所の主婦たちで「木曜会」という会をつくって、福田会開催日程以外でも袈裟を縫う活動を行っている。福田会の参加者が年々増え、食事の準備などが大変なので、「木曜会」の人々が交代で食事の支度や雑事を手伝っている。

第二節　一宮福田会の活動内容

さて、それでは、実際に福田会では、どのように袈裟を縫う活動を行っているのであろうか。それぞれの福田会によって多少活動内容は異なるようだが、以下では論者が調査を行っている一宮福田会の活動内容について詳しく述べる。

一宮福田会は、春は五月中旬、秋は九月中旬のそれぞれ五日間の日程で行われる。近所などから参加する場合は、通って来る人もあるが、基本的には泊まり込みで行われている。活動の中心は袈裟を縫うことである。

朝は四時四十五分に起床し、二十一時に就寝する。その詳細は以下の通りである。

四時四十五分　振鈴（起床）
五時　止静（坐禅）
五時五十分　朝課（経を唱え、朝のお勤めを行う）
六時　行茶・行粥（朝食）
七時　日天作務（掃除等、お寺の仕事をする）
八時　お茶（抹茶を飲む）
八時三十分　把針（袈裟を縫う）
九時　講義（提唱　袈裟に関する講義を受ける）
十時三十分　把針
十二時　行鉢（昼食）
十三時　把針
十四時三十分　お茶・開浴（休憩　お茶を飲み、話をしてくつろぐ。交代で風呂）
十五時　把針
十八時　薬石・把針（夕食）
二十一時　開枕（就寝）

四時四十五分に鈴が鳴り、その音を合図に起床する。五時から五十分間、坐禅を行う。坐禅終了後、袈裟を身に着ける作法を行い、朝のお勤めに入る。『阿含経』の偈、「大哉解脱服《だいさいげだつぷく》(11)無相福田衣《むそうふくでんえ》　被《ひ》奉如来教《ぶにょらいきょう》　広度諸衆生《こうどしょしゅじょう》」を三回唱え、その後、袈裟を身に着ける。身に着ける順序にも決まりがある。その後、『参同契《さんどうかい》』『宝鏡三昧《ほうきょうざんまい》』『道元禅師坐禅箴《どうげんぜんじざぜんしん》』を唱える。

お勤めが終了すると、煎茶を二回頂く。梅干しなどを一緒に食べながらお茶を飲む。これを行茶という。行茶が済むと、行粥といわれる朝食をとる。食事は、毎回、曹洞宗の作法に従い、偈を唱え、応量器《おうりょうき》をはじめとした道具を用いて食事をとる。朝は、粥を食べるきまりとなっている。ほかに漬け物やみそ汁が出る。食事は基本的に修行の一環なので話はせず、終始無言でとらねばならない。食事は三食ともに肉や魚の類は一切出さない精進料理である。

朝食後は寺の掃除などの作務を行い、終わると抹茶をたてて飲む。飲み終わったら、ここで初めて袈裟を縫う。その後、九時から久馬氏による「提唱」といわれる袈裟に関する講義を受ける。久馬氏は、この提唱を行う理由について「袈裟は単に縫えばいいわけではない。縫うだけなら法衣店と同じ。袈裟の中身を知って縫わないと、どこかで間違ってくる」と説明している。すなわち、袈裟について正しい理解をしたうえで縫わなければ、正しい袈裟はつくることができない、という考え方があるのである。そのためには、経典に説かれる袈裟についての理解を深め、それを学ばなければならない。しかし経典は膨大かつ難解なため、そこから説明を始めるのは大変である。それゆえ、「提唱」においては、テキストを用いている。例えば久馬氏は、道元『正法眼蔵』「袈裟功徳」「伝衣」をテキストとして用い、その中に引用されている経典の該当部分を丁寧に読み解く。そうすることにより、福田

福田会での把針の様子

会の人々は経典に説かれる袈裟を理解することができるのである。これまで、この「袈裟功徳」「伝衣」のほかに、黙室『法服格正』、慈雲『方服図儀』略本上、『方服歌讃義《ほうぶくかさんぎ》』、面山『釈氏法衣訓』などがテキストとして取り上げられている。こうしたテキストを少しずつ読みながら、正しい袈裟についての説明を行うのである。時には、テキストとは別に講義内容に関連する文献、研究論文からの抜粋などを配布して説明がなされることもある[12]。

提唱は一時間半から二時間かけて行われる。内容は、かなり高度で専門的であり、また多岐にわたっている。その内容の重要な点は大きく四つに絞られる。

まず第一に「袈裟功徳」、第二に「袈裟は仏身《ぶっしん》、仏心《ぶっしん》である」、第三に「如法衣というのはどのような袈裟か」、そして第四に「糞掃衣とはどのような袈裟か」である。

福田会の考えによれば、現代の大半の僧侶が身に着けている袈裟は違法なものであると理解されている。というのは、現代の僧侶が正しい袈裟のあり方や縫い方についての知識を持っておらず、正しい袈裟のあり方というものを学習する必要があるからなのである。それゆえ「如法衣」というものがどういう形態の袈裟のことを指すのか、どんな色や形、素材なのか、ということを参加者は正しく学習することになる。如法衣の中でも最上の袈裟と考えられているものが〈糞掃衣〉である。とりわけこの糞掃衣について「提唱」では充分な時間を割き、非常に詳しく説明が行われる。その際用いられる最も重要なテキストは道元の『正法眼蔵』「袈裟功徳」である。その詳しい内容については後述するが、こうした「提唱」によって、福田会の人々は、久馬氏が考える袈裟の正しい由来、袈裟の正しい意味などについて詳しく知ることになる。福田会の人々にとって、久馬氏から正しい袈裟理解のための知識の伝授がなされ、それが獲得されるということが大切なのである。

こうした内容の講義が終了すると、再びお昼まで袈裟を縫う。

十二時になると行鉢といわれる昼食になる。朝と同じく応量器を用いて作法にのっとった食事を行う。

昼食が済むと午後からまた袈裟を縫う。袈裟を縫う際には無言で真剣に縫うことが基本的な心構えとされているが、実際は全く無言で縫うわけではない。参加者たちは、熱心に縫いつつも、さまざまな話をしている。そして、こうした参加者とのコミュニケーションを楽しむことを目的の一つとして来るという参加者もいる。

十四時半に休憩時間が三十分ほどあり、菓子を食べお茶を飲みながら話をしてくつろぐ。この時間は、リラックスしながら会話を楽しむ。楽しい雰囲気で会は盛り上がる。その後再び袈裟を縫い、その間、交代でお風呂に入る。

十八時に薬石《やくせき》といわれる夕食が始まる。今度は朝食や昼食と異なり応量器は用いず、家庭で使うものと同様の皿などで食事をする。この時は、多少話をしながら食事をとる。

夕食後、就寝の時間まで袈裟を縫い、二十一時に就寝である。

一宮福田会は、こうした日程で年二回行うが、他の地域での福田会では、毎月開催しているところや、合宿ではなく通いで行ったり、坐禅と袈裟の把針のみ行うとか、もしくは袈裟を縫うだけとか、開催寺院によってそれぞれ活動は異なっている。曹洞宗では、坐禅と袈裟を縫うという二つのことを一緒に行うことに意義があると考えているので、一般的には、坐禅を行ってから袈裟を縫うという形式が多いようである。土曜日などに袈裟の講義を行い、平日に袈裟を縫うという福田会もある。〈縫う〉行為には、修行の意味合いも含まれている。

これまで述べてきたように、福田会では袈裟を縫っている。その袈裟は、福田会では「如法衣」といわれており、世間で流通している袈裟ではなく、福田会が考える経典に定められる〈正しい〉袈裟のことである。これは一般の僧侶に着用されている袈裟ではない。彼らは、法衣店で売られている市販の袈裟は仏教の教えに反する袈裟であって、これに対して経典に則してつくった彼らの袈裟が〈正しい〉袈裟だと考えている。福田会のつくる如法衣には、いくつかの種類がある。如法衣については後に詳しく述べる。

曹洞宗には、大きく分けて、絡子《らくす》、七条、九条、二十五条、の四種類の袈裟がある。袈裟の種類は宗派によって異なる。[13] 福田会では、これら四種類すべてを縫う。

初めての参加者は、まず「絡子」を縫う。絡子は、五条袈裟を首から下げる形に縮小したもので、禅宗で用いられる袈裟である。絡子を縫うことによって袈裟を縫う際の基本を身に付けることができる。絡子は小さくて比較的縫いやすいといわれるが、却刺《きゃくし》が時間と手間を要する技法であるので、初心者に簡単に縫えるわけではない。五日間朝から晩まで縫って、ようやく一枚の絡子を縫い上げることができる。ここでは通常の五条袈裟は縫わないので、絡子の次の段階で縫うのは七条袈裟である。袈裟を縫う習熟度に応じて条数の多い袈裟を縫うことになる。そして一定の習熟度に達した時に最上とされる糞掃衣を縫うことが許される。「糞掃衣」は「如法衣」の中で最上のものとされるのである。糞掃衣を縫えるようになるのは、習熟度であって、福田会に通った回数や年数によるものではない。

袈裟を縫うという仕事は、論者も行ってみたが、大変時間と手間がかかる。七条袈裟といわれる日本で一般的によく用いられる大きさの袈裟は、むろん個人的な違いはあるが、毎日三時間ずつ縫ったとして、縫い上がるのにだいたい四カ月程度の期間を要する。こうして、手間と時間がかかる袈裟製作を皆、実に熱心に行っている。

さて、本節では、一宮福田会の活動内容を実地調査に基づいて詳しく紹介することで、福田会では、袈裟を縫い、その袈裟の中でも糞掃衣を最上の袈裟として位置づけていることを明らかにした。そこで、それではなぜ福田会で糞掃衣が重要な意味を持つのかという点が浮び上がってくる。その考察を行うために、僧侶の衣服がいかなるものか、袈裟とは何か、また糞掃衣とは何かという根本的な問題を検討する必要がある。次節では、福田会の活動を理解するために、これまで簡単にしか述べてこなかった袈裟、すなわち僧侶の衣服について詳しく検討を加えることにする。

第三節　僧服とは何か——法衣と袈裟

福田会の活動の中心をなすのは、袈裟製作である。その袈裟の中で最も尊いとされているのが、糞掃衣である。そこで、本節では糞掃衣を含む袈裟全般について経典やインド、中国、日本の解釈に即した観点から、どのようなきまりがあったのかを歴史的に整理して述べることにする。

「袈裟」とは、僧侶が着る僧服の一種である。僧服には、大きく分けて「法衣」と「袈裟」がある。法衣とは着物にあたるものである。その法衣の上に纏うものが、袈裟である。袈裟は、仏教が興ったインドで発生した衣服の一種である。インドの僧侶は、袈裟だけを身に着けて生活していた。インドにおける袈裟は、僧侶であるということを示す象徴的側面だけでなく、体を外界から覆い守る実用的側面を持っていたのである。ところが、仏教が中国に伝わり、僧服は変化する。袈裟は、中国の気候に適応せず、袈裟だけで生活することは困難であった。そのため寒暖をしのぐ機能を持つ衣服が必要となり、世俗の人々が身に着けている衣服の上に「袈裟」を纏うことになったのである。その俗服が「法衣」とよび表されるようになる。以来、法衣と袈裟は常に共に着用されるようになった。現代、スーツの上に簡略化した袈裟を着ける場合もあるが、通常は法衣の上に袈裟を着用する。

袈裟は、法衣の上に纏うことにより、衣服としての実用的側面が失われ、象徴的側面のみになった。袈裟は、僧侶であることを示す機能しか持たなくなったため、袈裟が大きく変質することとなった。それゆえ、中国における袈裟は、インドで用いなかった華美な素材や色に変化した。

「袈裟」の語源は、サンスクリット語「kaṣāya」[14]である。これは、赤褐色を指す色名で、インドでは僧服をこの色に染めていたので、その色の名前が僧服の名称となったのである。後に中国で経典が漢訳されるにあたって、漢字の音から「迦沙（かさ）」「迦羅沙曳（からさえい）」「毠裟（けさ）」などの言葉が当てられ、その後「袈裟」が一般的な語として定着したのである。[15]日本では、中国で翻訳された漢訳経典の教えに基づいているので、中国同様「袈裟」という名称で定着している。

袈裟という語は、色の名前に由来している。漢訳経典『四分律《しぶんりつ》』巻第三十九には、袈裟は「壊色《えじき》」という色に染めなければならないとある。[16]「壊色」とは、世俗の人々が衣服を身に着ける時などに用いる正色（赤・青・黒・白・黄）ではない、くすんだ汚い色のことである。[17]曇無徳部《どんむとくぶ》の伝える律典『四分律』には「くすんだ青・濃い鼠色の黒・木蘭」[18]、説一切有部《せついっさいうぶ》の部派が伝える律である『十誦律《じゅうじゅりつ》』には「くすんだ青・泥・茜」[19]、『根本説一切有部毘奈耶《こんぽんせついっさいうぶびなや》』には「くすんだ青・泥・くすんだ赤」と定められており、[20]これらくすんだ青・濃い鼠色の黒・泥・木蘭・茜・くすんだ赤というのが、いわゆる「壊色」といわれる色である。[21]なぜくすんだ色が好まれたかというと、袈裟には、「色賤《しきせん》」といって色における貪りの心をおこさないことが定められたためである。[22]基本的には、世俗で好まれない色を用いることになっている。

中国においても、当初は、このような考え方をそのまま実践して、壊色といわれる色を用いた袈裟を着ることが好まれた。律の大家であった道宣《どうせん》（五九六～六六七）は、『四分律删繁補闕行事鈔《しぶんりつさんぱんほけつぎょうじしょう》』[23]（六二六～六三〇）で、四分律をはじめとする諸律を引用し、「壊色者。若青黒木欄也」[24]と壊色について記している。しかし、中国ではしだいに〈袈裟〉の漢字の音だけを取り入れ、色の意味が薄れたために、袈裟は変化する。中国では官職制度というものが社会機構の根幹となり、四世紀末に僧侶にも官職が設けられ、僧官が僧尼を統括管理することとなった。その結果、僧階の中に等級が形成され、それに合う色も現れてきた。すなわち、中国で官職によって衣服の色を分けていたのが僧服にも取り入れられ、僧階に応じて僧侶の袈裟が色分けされるようになったのである[25]。そこで紫色が一番上の僧階の袈裟の色となった。宋僧の賛寧《さんねい》（?～一〇〇二）の仏教事典ともいうべき『大宋僧史略』（九七八～九九九）巻下四十二によると、すでに唐の時代から紫色の袈裟があったとされる[26]。中国においては壊色という言葉自体が忘れられていったのである。

日本における袈裟は、先にも述べたように中国から持ち込まれた漢訳経典に従っていたと思われる。奈良時代の遺品には、伝達磨大師所用とされる「七条袈裟」[27]や、金剛智三蔵の所用とされる「七条褐色紬袈裟《しちじょうかっしょくつむぎのけさ》」といった赤褐色の壊色の袈裟が見られる[28]。しかし、律令制度の確立の中で、僧尼令の規定や絵巻の表現、さらには遺品などを見ると、経典で禁じられた色がすでに入っていたとわかる[29]。つまり、中国での僧階に応じた法衣、袈裟の色が日本へも持ち込まれたのである。それゆえ、奈良時代から法衣や袈裟は色分けがなされている[30]。現代の袈裟においても、宗派ごとに異なりがあるが、だいたいどの宗派においても、僧階といわれる階級に応じて、袈裟、法衣の色分けがある。

袈裟の形は、漢訳経典に則して考えると、田圃に見立てたような長方形の裂をいくつも継ぎ合わせた形態になっている。以下では『四分律』巻第四十に従って袈裟の形について述べる。

爾時世尊。出王舎城。南方人間遊行。中道見有田善能作事畦畔斎整。見已告阿難。汝見此田不。

答言。已見世尊。仏問阿難。汝能為諸比丘作如是衣法不。答言能。仏語阿難。汝往教諸比丘。時阿難従彼還王舎城。教諸比丘作如是割截衣。[31]

《爾《そ》の時世尊、王舎城を出でて、南方人間に遊行す。中道に田あるを見る、善く事を作して畦畔斎整なり、見已りて阿難に告げたまふ『汝此の田を見るや不や』と。答えて言はく、『已に見る、世尊』と。仏、阿難に問いたまはく、『汝能く諸の比丘のために、是くの如きの衣法をなすや不や』と。答えて言はく『能くす』と。仏阿難に語りたまはく、『汝往いて諸の比丘に教えよ』と。時に阿難、彼れより王舎城に還り、諸の比丘に教へて、是くの如きの割截衣を作らしむ。[32]》

これは、釈尊が田圃を通りかかった時、田圃があぜ道によって整然と区画されているさまを見て、弟子の阿難に「袈裟の形をこのようにつくれ」と言った、という記述である。袈裟は、一枚布ではなく、一度裂を裁断してから再びつなぎ合わせるという技法でつくられている。それは、この話にあるように、田圃があぜ道で区切られているような形にのっとっているのである。

このような話があることからもわかるように、仏教では、田圃はとても重要なシンボルである。こうした話も先にも述べる福田思想や福田衣という袈裟の別名を考える源泉の一つとなったのかもしれない。

一度裂を裁断することを「刀賤《とうせん》」という。これは裂の貪りを裁ち切るという意味を持っているからである。[33] 久馬慧忠氏は、「布としての価値をなくし、盗難などを防ぐ効果がある」ことや、「人間のおもわくを断ち切ることも意味しているのである」[34]と述べている。

袈裟は、次のような三つの部分から構成されている。一つめの「田相《でんそう》」は、田圃の一区画の部分で

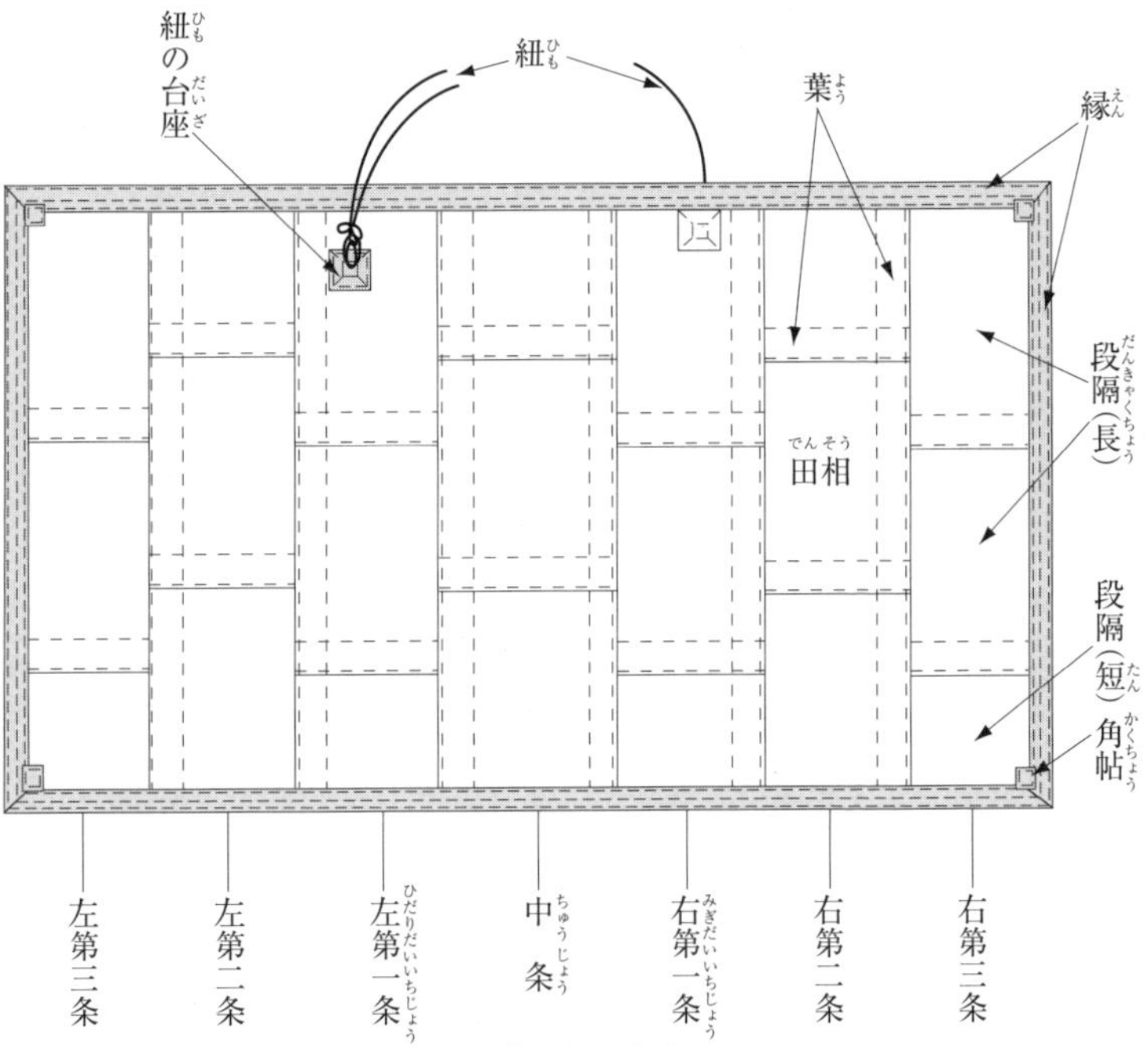

袈裟各部の名称

ある。二つめの「葉《よう》」もしくは「条葉《じょうよう》」は、田圃を区切るあぜ道にあたる部分をさす。三つめの「縁《えん》」は、袈裟の周りの部分である。

袈裟の大きさを示す数え方を「条《じょう》」という。「条」は、袈裟の縦の並びのことで、この条数により、五条袈裟、七条袈裟とよぶ。こうした数え方は、中国の条里制を考えてもわかるであろう。『根本説一切有部毘奈耶』巻第十七によれば、各条は、長い二枚の裂と短い一枚の裂をつなぎ合わせる決まりになっており、これを二長《に》一短《ちょういったん》の制《せい》と表現する(35)。また、袈裟全体の条数に応じての決まりもあって、条数が増すにつれて三《さん》長一短《ちょういったん》、四長一短《よんちょういったん》という言い方もある。条数は、横に増えていくが、

五、七、九、十九条などの奇数のみと定められている。『四分律』では、十九条以上のものは、つくってはならないとされ、『薩婆多部毘尼毘婆沙《さつばたぶびにびばしゃ》』巻第四や[36]、『根本説一切有部毘奈耶』巻第十七には[37]、二十五条まで許されている。それゆえ、五条から二十五条までの十一種類の袈裟がつくられたことになる。

この条数が増えるのは、僧侶個人の体の大きさに合わせて大きくなっているということではない[38]。用いる目的に応じて条数が増えるのである。条数が増えるということは、それだけ縫う手間がかかるので、大きい条数になるほど、重要な袈裟として価値を帯びるようになる。例えば現代の日本では、五条袈裟と七条袈裟が一般的に用いられる。通常の法事では五条袈裟を用い、葬儀では七条袈裟や九条袈裟を用いるのが一般的であるとされている。さらに特別な儀礼の場では、特別な僧侶が二十五条の袈裟を用いることもある。

袈裟は三衣といって、大きさに応じて三種類の袈裟に分けられる[39]。まず第一に、安陀衣《あんだえ》（小衣・下衣）は、腰から下に身に着ける一番小さい袈裟である[40]。これは、インドにおいて作業を行う時、上半身に何も着用せず安陀衣のみを腰から下に着ける[41]。第二に、欝多羅僧《うったらそう》（中衣）とは、上半身に身に着ける袈裟であり[42]、日常の礼拝をする時に用いる[43]。そして三番目の僧伽梨《そうぎゃり》(大衣・上衣)は[44]、最も大きい袈裟で、いわゆる特別な時の晴れ着にあたる[45]。一般的に、安陀衣は五条袈裟、欝多羅僧は七条袈裟、僧伽梨は九条袈裟となる。ここでも、袈裟の価値が条数で示されていることがわかる。

インドにおいて三衣は、僧侶が持つべき三枚の袈裟という規定がされているが、現代日本においては、この三衣を持っていない僧侶が多い。それは、それぞれの宗派で所持できる大きさなどに決まりがあり、大衣といわれる僧伽梨衣は、持つことのできる階級が決まっているからである。

素材は、インドにおいては、『十誦律』巻第二十一に、「白麻衣（麻）、赤麻衣（麻）、褐衣、憍施耶衣（野蚕絹）、翅夷羅衣（鳥毛）、欽跋羅衣（羊毛）、劫貝衣（木綿）[46]」が定められている。また、弥沙塞部が伝える律である『五分律』巻第二十九には、「劫貝衣（木綿）、欽婆羅衣（羊毛）、倶舎耶衣、芻摩衣（麻）、芻弥衣、婆舎那衣、阿呵那衣、瞿荼伽衣、麻衣（麻）[47]」が定められ、『四分律』巻第三十九には、「拘舎衣、劫貝衣（木綿）、欽跋羅衣（羊毛）、芻摩衣、叉摩衣、舎㲲衣、麻衣（麻）、翅夷羅衣（鳥毛）、拘摂羅衣（絳色羊毛）、讖羅鉢尼衣（尨色羊毛）[48]」が定められている。『十誦律』『五分律』『四分律』は、それぞれ部派が異なるために、律典に定められる種類に多少の異なりがあるが、麻、木綿、毛織などほぼ同様の衣材が定められているといってよい。部派はこれら以外にも多く分かれているので、これ以外の律典にもそれぞれ衣材が定められているが、多少の違いはあるにせよ、いずれの律にもほぼ同様の衣材が定められている。

中国や日本では、麻、絹、羽二重、金襴や刺繍などが多い。現代の日本で、葬式などの儀礼の場では、ほとんどが金襴袈裟を用いている。金襴袈裟とは、金糸を織った素材でつくった袈裟である。中国で始まった金襴袈裟や刺繍袈裟が、鎌倉時代後半から日本へ請来され、日本においてもそうした袈裟が主流になっていったのである。袈裟が象徴的機能のみを担うようになった中国、日本においては、袈裟の装飾性も徐々に強まり、素材が時代に応じて良質で高価な布に変わり、また金襴や刺繍などの手の込んだ価値のある布を使ったものが好まれるようになってくる。かつては、金襴や刺繍などの華美な裂の袈裟は禁止されており、経典においても『薩婆《さつば》多部《たぶ》毘尼《びに》摩《ま》得勒伽《とくろっか》』巻第二に、「頗有比丘取僧伽梨犯突吉羅耶。答有。若雑金縷作銀縷金宝縷作亦如是。若著前地不受用。若受金想。尼薩耆。若在遠処使人取。突吉羅[49]」とあるように禁じられているにもかかわらず、現代では律典に反して、金襴や刺繍の華美な素材の袈裟が大半を占めているのである[50]。

以上述べてきたように、僧服の法衣と袈裟の色、形、大きさそれぞれから、袈裟それ自体の性格が大まかに理解してもらえたであろう。

第四節　如法衣とは何か

本節では、華美な袈裟に反対している福田会でつくられる袈裟について述べる。

福田会は、袈裟を「如法衣」と表現する。すなわち、〈法の如く〉定めに従った衣という意味である。これは歴史的な流れの中で華美なものへと変化してしまった袈裟に対して、批判的な考え方を表明する意味の込められた福田会の造語である。そうした批判的な考え方にそった実践活動が、「如法衣」の製作なのである。では、福田会でいう「如法衣」とは、どのような衣なのだろうか。

福田会は、先にも見てきたように、現在の袈裟について反省し、僧は仏教の教えに可能なかぎり近づいた〈正しい〉経典に従った袈裟を着るべきであり、〈正しい〉袈裟をつくって僧に着てもらおうという考えから組織された。

彼らが考える「如法衣」とは、『毘尼母経』巻第三に「非錦衣非上色衣。是名如法衣[51]」と説かれるように、錦の素材以外でつくった衣や世俗の色以外でつくった衣をいう。つまり、如法衣とは、仏教経典通りの形、素材、色、縫い方でつくられた法衣と袈裟の総称である。

如法衣は、形や大きさにより名称が細かく分かれる。まず、法衣には、「褊衫《へんざん》」という上着にあたるものと、「裙《くん》」という腰から下に着けるものがある。次に袈裟には、「絡子」という禅宗で身に着けられている首から下げる形態の五条袈裟がある。曹洞宗の絡子は、通常の五条袈裟に相当する。続いて「七条袈裟」「九条袈裟」「二十五条袈裟」がある。そして福田会で特別視される「糞掃衣」がある。これらを経典の記述通りの衣材、色、縫い方で――実は、後述するように、論者の視点からは経典通りとはいい難いのだが――つくるのである。

如法衣の衣材は、福田会の主旨に反する法衣店で売られている金襴や刺繡のような派手な裂を一切用いず、麻や木綿、絹などの無地の質素な衣材を用いる。おおむね寺院が購入した衣材を参加者に与えているが、時には、参加者が持参する場合もある。

色は、壊色である。手に入れた衣材が明るい色であった場合は、興味深いことに、わざわざくすんだ色に染め直してから用いる。

縫い方は、ミシンなどの機械を用いずに、すべて手で縫うことになっている。縫う技法は、経典通りの「却刺《きゃくし》」とよばれるいわゆる返し縫いである。「却刺」で刺さなければならない理由は、『十誦律』巻第十五に、「直縫をしない理由は、直縫が世俗の人の衣法であるので、却刺をすることによって世俗と異なるようにするためである」とある。(52) 世俗の衣服と異なるようにするため、返し縫いにするのである。

福田会の参加者全員が、如法衣製作は単なる縫い物とは違うという認識を持っている。このために正座して心身正しくして縫うべきであるというような認識もある。把針指導を行っている岡本光文氏は「お袈裟は仏身ですので足の踏むところなどへは置きません」[53]という。一宮福田会では、二十畳ほどの畳の部屋に長いテーブルをいくつも並べて、その上に袈裟を置いて縫う。畳の上にじかに袈裟を置いておくのはよくないことで、もし畳に置かなければならない時には、布を敷いてその上に置くようにと言われる。また、袈裟になる前の裁断中の裂であっても同様で、紙の箱に入れるなどして、畳と衣材が触れないようにしている。

なぜ福田会で如法衣をつくるのかという理由は、法衣店で売られている袈裟が間違った袈裟で、正しい袈裟が販売されていないからである。如法衣が容易に手に入らないため、自分たちでつくろうということになったのである。法衣店では、如法衣を販売していない。なぜならば、法衣を購入するのは僧侶ではなく、檀家である場合が一般的だからである。檀家が購入して僧侶に布施するのである。こうした檀家が袈裟を購入して僧侶に布施する習慣は、江戸時代から見られるものである。檀家は、もし法衣店で如法衣と金襴袈裟や刺繡袈裟の双方を売っていたならば、自分たちの財力に見合うできるだけ豪華に見える袈裟を購入して贈ろうとするだろう。そのために、如法衣は店に置いたとしてもほとんど売れないのである。僧侶の方も、これは経典で説かれる袈裟とは違うのであると知っていたとしても、檀家に贈られたものは何も言わないで受け入れるべきとの考えから、豪華な袈裟を受け取り身に着ける。法衣店が売れない如法衣より、売れる金襴袈裟や刺繡袈裟を販売するのは、当然のことなのである。これに対して、福田会は、法衣店で売られていない如法衣をつくることを活動としているわけである。

そして、福田会でつくる如法衣の中で、最も製作が難しいとされているのが糞掃衣であり、またそれゆえに最も手に入れることが難しいのが、糞掃衣である。

第五節　糞掃衣の製作

法衣店で購入できない「糞掃衣」とはどのような袈裟なのであろうか。糞掃衣といわれる袈裟を、まず製法の面からうかがってみよう。

福田会の糞掃衣は、家庭などで不要になった古い着物や帯などを集めて、使えそうな素材を選び、それらのさまざまな裂をはぎ合わせ、上から刺子《さしこ》（細かい雑巾刺し）を施し、一枚の袈裟に仕立てたものをいう。福田会では、不要になった裂を用いるということから、貪りの心をおこさないことを基本とする出家修行者の衣服形態として、最も粗末な裂でつくられた糞掃衣を〈最上のもの〉としている。

この糞掃衣を製作するにあたって、福田会で、どのような目的で僧侶に糞掃衣を縫うのかというと、自分の檀那寺の僧侶が晋山式《しんざんしき》に出るのでその日に身に着けてもらうためであるとか、いつも檀那寺での儀式の時手伝いに来てくれる僧侶にお礼の意味で贈るのであるとか、そういう理由でつくるのだと説明する。「法主さんのために縫おう」と会の参加者全員で決め、糞掃衣を縫う計画をたてることが多いという。また、「糞掃衣を作って欲しい」と僧侶の側から檀家に頼み、それで檀家が集まって縫う場合もあるということである。

糞掃衣の製作は、裂を集めるところから始まる。集める裂の素材自体に特にきまりはないが、だいたい、古い着物を集めてそれを素材にする。久馬氏が所持している糞掃衣は、もとはねんねこであった裂を用いてつくられたものである。一宮福田会以外にも、糞掃衣をつくっているところは全国にあるが、そこでも、故人の着物や帯、使い古した衣服など、さまざまな裂を布施によって集めるという。古着は檀家などからもらうことが多い。

しかし、久馬氏によると、糞掃衣になるような衣材は最近はなかなかないという。タンスごと古着をもらうこともあるが、それでも糞掃衣として使える裂の着物は少ない。糞掃衣の裂は、四重に重ねて縫うことになっているので、厚い裂や堅い裂では縫えないからである。羽織などは小さい着物なので、糞掃衣の素材としては適切ではないという。また、あまりに文様がはっきりしている着物は染め直しても文様が出てきてしまうので、できるだけ避けるという。文様を刺子で上から細かく縫って隠したりする時もあるが、それでも隠れない場合がある。あまり派手だと文様が消えないので、やはり、ある程度色をおさえた着物を使ったほうがいいと考えるそうである。

糞掃衣は、だいたい、山、波、雲の意匠にする。これらの意匠以外に、長方形の裂をいくつも組み合わせたものもある。通常は「遠山《とおやま》の袈裟《けさ》」にすることが多いので、山形の意匠にする。糞掃衣は、貪りの心をおこさないということを前提とするため、意匠は用いるべきではないとされる。しかしながら、鎌倉時代以降から「遠山の袈裟」といわれる、裂を遠くに山が連なるように見立てて重ね合わせた意匠につくられるようになった。注目すべきことに、福田会でつくられる糞掃衣も「遠山」に縫うことが多い。

糞掃衣は、大衣（九〜二十五条）が一般的である。しかし、大衣のうちでも二十五条は縫うのが大変なので、福田会ではあまりつくらないという。大体、十五条くらいまでが一般的につくられる大きさである。逆に、大衣以下の中衣にあたる七条や小衣にあたる五条の絡子の糞掃衣も通常つくられることはない。久馬によれば、所持していた絡子が古くなったので、裂を強化するために上から刺子を刺して糞掃衣にしたことがあるそうだが、最初から絡子で糞掃衣をつくるということはないという。これは、糞掃衣が特別な袈裟で、用いる場も特別な時となっているので、晴れ着にあたる僧伽梨、すなわち大衣にしなければならないためである。

現代の糞掃衣製作の際には、久馬氏の『袈裟の研究』や道元『正法眼蔵』、默室『法服格正』、慈雲『方服図儀』等の著作を参考にしているので、糞掃衣もこれらの記述にかなり影響されたつくりになっている。このうち默室や慈雲は、特に現存する遺品や、仏像の衣の形態なども参考にしながら、袈裟の形態についても述べている。そこで、現代つくられている糞掃衣の技法は、経典の記述と現存遺品が元になっていると考えられる。

日本の糞掃衣の遺品といわれるものは、奈良時代から見られる。最古の遺品とされているものは、現在、東京国立博物館にある法隆寺所蔵の「七条刺納袈裟《しちじょうしのうげさ》（伝聖徳太子所用）」と、同じく法隆寺所蔵の「七条刺納袈裟（伝釈尊所用）」である。この二領の糞掃衣は、実際に調査をすることができたが、(54)二領とも「非常に細かい刺子」が施されていた。日本に現存する糞掃衣の遺品には、共通して「刺子」が施されている。これらの遺品などから「糞掃衣はこのようにして裂を重ね、刺子をかなり細かく施す」という技法がうかがえ、現代においてもこのように刺子を施して製作するのである。

糞掃衣は、この「刺子」が特徴で、絵画などでも、刺子が必ずといっていいほど描かれている。時に刺子をしない場合もあるが、刺子をして古い裂でつくったものが糞掃衣ということになっているので、基本的に刺子は入れなければならない。

「刺子」という技法は、さまざまに切られた裂をつなぎ合わせるうえで非常に強力な縫い方である。と同時に、着る時にも、丈夫で長持ちしやすいという利点がある。そうした点から考えて、刺子というのは細かい裂をつなぎ合わせる糞掃衣にとって最適な縫い方であるといえる。だが、一方で、糞掃衣の刺子の縫い方の細かさは、ある意味、異様な感じがしないでもない。確かに刺子は小さな裂をつなぐために必要な縫い方であるが、そこまで細かく刺さずとも裂をとめるのに問題はなく、また、極端にいえば裂の周りを抑えるだけといった場合など、他の縫い方でも充分裂をつなぎ合わせることは可能だと思われるからである。そうしたことを考え合わせると、糞掃衣における「刺し子で縫う」という作業には、何らかの特別な意味があるのではないかと思われる。

その意味を問うためにも、ここで実際の製作行程を見ておきたい。糞掃衣にする着物を選んだ後の具体的な行程は、次のように進む。

まず、着物を表側の地となる裂、シン地裂、山形の裂、裏地裂に分けて、それぞれ裁断する。これは、「糞掃衣は四重にする」(55)という経典の記述にのっとっているためで、「遠山糞掃衣」の場合、山形の裂まですべてを縫い合わせると四重になるようになっている。田相の地となる裂は、古い着物一枚で糞掃衣一領分まかなうことができるそうである。条葉や縁、山の裂は、別の着物の裂を用いる。完成する糞掃衣の条数によって田相の枚数は異なり、条数が多くなればなるほど、田相も多くなる。

しかも、田相は、「二長一短」、「三長一短」などと表されるように、その長さは位置によっても異なるため、裂の裁断の段階から、どこの位置に入る田相にするのか、ということをまず決めてから裁断を行う必要がある。このため「右第二条二番目」などの覚え書きを各田相のシン地裂の裏などに書いておく。

表側の地となる裂、シン地裂、山形の裂をそれぞれの田相ごとにひとまとめにする。そしてその「田相」の一枚分を一人が担当するかたちで縫う。久馬氏によると、大勢の人のご縁があったほうがよい（大勢の人とご縁を結ぶ）、というような考え方があるので、みんなで縫ったほうがよいと考えて、みんなで縫っている、ということである。一人の人が田相を二、三枚担当して縫う場合もある。シン地裂の上に表側の地裂をのせ、その上に山形裂をのせて縫う。

人々が縫ったそれぞれの田相が完成すると、それらの田相の裏側に書いておいた番号に合わせて全体を並べてみる。こうして並べたものを眺めると、一種独特の迫力を感じないではいられない。

これに続く作業が田相の縫い合わせである。まず縦に縫い合わせて条をつくり、次にその条をそれぞれ縫い合わせる。袈裟の田相と田相の間を「条葉」あるいは「葉」というが、この「葉」にあたる裂を田相の間に縫いつける。また、袈裟の周囲を囲む、いわゆるふちどりにあたる部分を「縁」という。これを裏地裂とともに縫い合わせる。

最後に紐をつけ、完成である。紐は、インド本来の糞掃衣にはなかったが、その後の中国的展開の中では、衣の上につけるものとして実用に不可欠の役割を果たした。

以上のような数多くの行程を経て、完成までには、約半年から一年の日数がかかる。以上の行程からもわかると思うが、糞掃衣という袈裟をつくるには大変な手間と時間を要し、それゆえに特別な扱いを受けているのである。

さらに、糞掃衣を縫う時には、必ず「刺子」で縫わなければならない。そしてこの「刺子」は非常に細かく縫うことが要求されるため、かなりの時間がかかることになるのである。

先に「田相」の一枚分を一人が担当するかたちでそれぞれ縫うと述べたが、このたった一枚を縫い上げるのも非常に時間がかかるのである。特に、糞掃衣という袈裟はおろそかな気持ちで縫ってはならないということもあるので、人々は実に丹念に真剣な気持ちで縫う。それが製作中の糞掃衣の田相に表現される。どの田相も息をのむほどびっしりと詰めて、まっすぐに刺子が施されていた。どの田相の針目も非常にきれいに刺されており、どれほど真剣にそれぞれの田相が縫われたのかが、針目を通してうかがえるのである。

糞掃衣が完成すると、必ず糞掃衣を納める袋を作成する。その袋の裂も、古い着物や帯などの裂を用いて手で縫う。袋が出来上がると、僧侶に筆で、内側の裂に糞掃衣を差し上げる僧侶の名前や製作代表者の名前、漢詩などを書いてもらう。そして、その袋に糞掃衣を納める。

こうしてつくられた糞掃衣は、普段たいてい箱に入れて大切にしまっておかれる。というのも、大衣は使う場が少ないため、めったに出番がないからだそうである。

福田会で特別視される糞掃衣の具体的な製作については明らかとなった。それでは次に、福田会の人々が実際にどのように糞掃衣を捉えているのかという点についての考察に入りたい。

第六節　福田会における最上の袈裟――糞掃衣

糞掃衣に関しては、二つの問題を解かねばならない。一つは、福田会における糞掃衣の位置づけであり、いま一つは経典における糞掃衣の位置づけである。後者については、章を改めて考察することにし、本節では、福田会における糞掃衣の位置づけを述べておこう。

まず、どのような契機で糞掃衣をつくろうとするに至るのだろうか。その一例として、伊藤博陽氏という僧侶のために行われた糞掃衣の製作を紹介してみたい。伊藤氏は、糞掃衣製作当時、千葉県木更津市にある長楽寺という寺で住職をしていた。当事者である伊藤氏は、糞掃衣製作のいきさつを『おかげさまのありがとうの愛の糞掃衣』という本に記している。これによって糞掃衣製作の顚末を垣間見ることができる。

檀家の一人が、伊藤氏の糞掃衣をつくりたいという申し出をした。伊藤氏は当初とまどいもあったが、熱心さに心をうたれ、製作をお願いすることにした。糞掃衣製作のためには布が必要ということで、伊藤氏自ら、糞掃衣をつくるための衣材を知人や檀家に布施していただきたいと呼びかけて、多くの布が寄せられた。そして糞掃衣が完成した。完成した糞掃衣を、布を布施してくれた人々に見せるために写真撮影を行った。

伊藤氏が、糞掃衣についてどのように考えているのかがよくわかるので、一例として、布をくれた人々に対するお礼の手紙を挙げる。

弥生の候
此の度は、突然のお願いにもかかわらず早速にもご協力を賜り、心よりお礼申し上げます。皆様から送って下さったものを形に作り、配色を考えて命を与えてくれます。まだ糞掃衣を身につける資格はありませんが、精進をして一日も早く着けられるよう頑張る所存であります。また出来上がった際は必ずお写真をお送りさせていただきます。平和と皆様のご健康を祈念します。ありがとうございました。

平成三年三月

伊藤博陽(56)

「身につける資格はまだありませんが」と、着ること自体に、かなり謙虚な姿勢がうかがえる。このような点からも特別な袈裟という認識があるのは明らかである。

伊藤氏の発言にうかがえるように、糞掃衣は多くの人が身に着けられるものではなく、檀家など周囲の人々から贈られるものである。一般的には袈裟を贈るという行為は同じであるが、自分たちがつくった袈裟を贈るという意味で特別である。糞掃衣を着る意味を知る者にとっては、特別な袈裟を贈られるということは、行いの正しい、徳のある僧侶であると認められたことを意味する。このような特別な資格を持っていると檀家や信者たちが認めたことは、僧侶にとって至上の喜びであろう。

では、そのようにして贈られた糞掃衣は、どのような場で用いられるのだろうか。糞掃衣は特別な儀式に用いるためにつくられたわけではない。普通の法事などに用いても、いっこうにかまわないのである。にもかかわらず、完成した糞掃衣の収納方法にもうかがわれるように、製作者の側にも、受け取る僧侶の側にも、それが特別な如法衣（袈裟）であるという認識があり、そのため糞掃衣はとても大切に扱われることになり、その結果、使用の機会はきわめて限られたものになっている。例えばその僧侶が導師になった時や晋山式などの場に列席する時に用いることがあるにすぎないのである。

糞掃衣の特別性は、聖性ともどこかでつながっているかに思われる。それは、伊藤氏のためにつくられた糞掃衣が完成し、糞掃衣を着て写真撮影を行った際、記念の写真撮影を手伝った僧侶が、以下のような感想を述べているからである。

ただただじっとライトを浴びている彼の後ろ姿を見ていた写真屋さんが彼の背後をうやうやしく合掌したのである。これを見た私の目は暑くもないのに思わず大粒の汗をかいたのである。決して大げさにいっているのではない。私もいつしか合掌礼拝をしていたのである。何百枚にも割截された布の一枚一枚も光輝いて見えた(57)。

手伝った僧侶も写真屋さんも、思わず糞掃衣に合掌してしまった。つまり仏像を拝むような感覚を持ったというのだ。糞掃衣を着ている人があたかも仏像のような聖性を帯びたものとして目に映ったのである。糞掃衣を縫う時も、一宮福田会では、糞掃衣を仏像を扱うかのように非常に大切に扱っている。如法衣と同様、衣材は箱に入れるなどして直接畳などに触れないようにする。このような製作途中の光景からも糞掃衣の特別性は明らかである。

このような感想や行為を見ると、糞掃衣という袈裟に対する認識は、通常の袈裟に対する認識とははるかに異なったものであり、彼らがきわめて特別な目で糞掃衣を見ているということがうかがえる。糞掃衣は特別な袈裟なのである。

完成した糞掃衣を見て人々がどのような反応を示すかの事例として、一宮福田会における糞掃衣完成時の様子を述べたい。

一宮福田会では、糞掃衣が完成すると、その糞掃衣を見るために周囲に人が集まる。歓声があがり、皆で糞掃衣の完成を共に喜び、嬉しそうに明るい表情で糞掃衣を眺める。「いいものを見せていただいたわ。すばらしいわね」と感激している。また、「この糞掃衣の功徳にあやかっておこう」と手に触れるなどする。これは、糞掃衣に触れると、その功徳を得られると考えていることを意味しているようである。写真を撮る人もいる。こうした光景は、一宮福田会でも、糞掃衣の完成の時にしか見られないものである。通常の如法衣が完成しても、これほど人が集まってきたり、歓声があがったりはしない。糞掃衣だからこそ人が集まるのである。一宮福田会において「糞掃衣」は、最上の袈裟として位置づけられ、特別な袈裟であることが、この事例からも明らかである。

また、次のような考えを聞くこともできる。糞掃衣を縫えるようになるということは、縫うのにふさわしい人間になるということである、という考えである。そのために、集まっている人々は、糞掃衣を縫えるようになることを目標にしているのである。論者自身も絡子を縫っていて、何人かの人に、「あなたも将来、糞掃衣を縫えるようになるといいね」という声をかけられた。糞掃衣は特別な袈裟であるからこそ、適当な気持ちで縫ってはならず、それ相応のところまで自分を高めた人が縫うことができるということのようである。ということは、それ相応に人間としての価値を高めた人たちが縫う袈裟だから、特別な価値を帯びるのだ、ということもできる。経典に定められた特別な衣服を、特別な人によって、特別な行程を経て、特別な素材と技法を用いてつくられた、特別な僧侶によって着られる、特別な種類の袈裟――それが福田会の糞掃衣なのである。

本章において、福田会という袈裟を縫う団体の活動内容を述べてきた。彼らは法衣店で一般的に販売されている袈裟に反対して、如法衣をつくっている。その理由は、現代一般的に用いられている袈裟に対する批判的な考えと、自分たちが正しい袈裟をつくるのだという思いに支えられている。中でもとりわけ糞掃衣を重視しているという理由も、明らかになってきた。

それでは、彼らが重視する糞掃衣は、なぜ他の袈裟より重視されて今日に至っているのであろうか。次章では、糞掃衣が特別な袈裟として尊重される理由を考察する。

註

（1）『大正大蔵経』第一巻、六一六頁a。
（2）読み下しは『国訳一切経印度撰述部』阿含部五、一八〇～一八一頁を参考にし、誤りがある部分は論者が訂正を加えた。
（3）これまでの一宮福田会での参与観察調査は、一九九九年五月十五～二十日、二〇〇二年九月十五～十八日、二〇〇三年五月二十六～二十八日、二〇〇三年九月十八～十九日ののべ四回である。福田会に参加している人の聞き取り調査、ならびに福田会に関連する聞き取り調査は、一九九九年五月～二〇〇三年九月の間に、計八回行った。このほか、書簡による調査も行った。
（4）水野弥穂子『道元禅師のお袈裟――正法眼蔵　袈裟功徳を読み解く――』、柏樹社、一九八七年十二月、九頁。
（5）同、一一頁。
（6）同、一一頁。

（7）岡本光文「お袈裟の縫える常宿寺」（『大法輪』第四十七巻第三号、一九八〇年三月、一四八頁）。
（8）同、一四八頁。
（9）同、一四八頁。
（10）同、一四八頁。
（11）道元が「袈裟はふるくより解脱服と称す」と言うように、袈裟は、別名「解脱服」ともいう。
（12）良寛の漢詩や木南卓一『慈雲尊者の話』（三密堂書店、一九九〇年七月）などを用いる。
（13）例えば浄土真宗には、五条袈裟、七条袈裟、九条袈裟、三緒袈裟、小五条袈裟、横被、畳袈裟、輪袈裟がある。
（14）『漢訳対応　梵和大辞典』、講談社、一九八六年三月、三四七頁。
（15）井筒雅風『袈裟史』、雄山閣、一九七四年十月、二六頁。
（16）『大正大蔵経』第二十二巻、八四九頁b。
（17）久馬慧忠『袈裟の研究』、大法輪閣、一九六七年十月、四四頁。
（18）『大正大蔵経』第二十二巻、六七六頁c。
（19）『大正大蔵経』第二十三巻、一〇九頁b。
（20）同、八四五頁a。
（21）久馬註(17)前掲書四六～四七頁によると、「青」は、銅鋳などで染めた色で青黒色（鉄色）とよばれる色、「黒」は、泥染による濃いねずみ色で、「木蘭」は、木蘭の樹皮で染めた黄赤色、赤黒色、黄黒色、紫色等の色で、「茜」は、茜草の草根を染料として染めた黄味の多いしぶい赤橙色である。
（22）『大正大蔵経』第二十二巻、九九八頁c。
（23）これは、道宣が『四分律』を基本テキストとし、他の経典や従来の諸説を視野に入れながら解釈を補い、僧伽における実践的規範を示したものである。
（24）『大正大蔵経』第四十巻、八六頁b。
（25）鈴木国夫「法衣の色について」（『大阪私立短大協会研究報告書』二十八、一九九一年十二月）四三頁。
（26）紫衣は、唐の時代から着用が行われている。それについては、宋僧である賛寧『大宋僧史略』巻下四十二に、以下のような記述がある。

尋諸史。僧衣赤黄黒青等色。不聞朱紫。案唐書。則天朝有僧法朗等。重訳大雲経。陳符命言。則天是弥勒下生為閻浮提主。唐氏合微。故由之革称薜周。法朗薜懐義九人並封県公。賜物有差。皆賜紫袈裟銀亀袋。其大雲経頒於天下寺。各蔵一本。令高座講説。賜紫自此始也。（『大正大蔵経』第五十四巻、二四八頁c）

《諸史を尋ぬるに、僧衣は赤黄黒青等の色にして朱紫を聞かず。唐書を案ずるに、則天の朝に僧法朗等有りて重ねて大雲経を訳す。符命を陳べて、則天は是れ弥勒の下生にして閻浮提の主たり、唐氏の合に微うるべきを言う。故にこれに由って命を革め周と称す。法朗、薜懐義ら九人は並びに県公に封ぜられ、賜物に差あり。みな紫袈裟、銀亀袋を賜う。其の大雲経は天下の寺に頒ち各々一本を蔵め、高座をして講説せしむと。紫を賜うは此れより始まるなり。》（『国訳一切経　和漢撰述部』史伝部十三、三五二～三五三頁）

七世紀の末、法朗が『大雲経』の翻訳をした際、則天武后は弥勒菩薩の化身であるという記述を入れた偽訳をし、仏教と道教をともに信仰していた則天武后がそれを聞いて喜び、紫衣と銀亀袋を下賜したとあり、これが中国において紫衣を賜った最初であるといわれる。

(27)　東京国立博物館に所蔵される法隆寺献納宝物である。赤茶地平絹で、達磨大師の袈裟という伝説がある。

(28)　正倉院に所蔵される正倉院宝物の中の一領である。

(29)　『令義解』巻七僧尼令に僧服についての規定がある。

凡僧尼。聴著木蘭。青碧。皁。黄及壊色等衣。余色及綾羅錦綺。並不得服用。違者各十日苦使。輙著俗衣者。百日苦使。（『国史大系』第二十三巻、令義解、前編、吉川弘文館、一九六六年二月、二二六頁）

僧侶は壊色の袈裟を着けるように定められ、かつ、その他の色や綾羅錦綺といった派手なものは着けてはならないとしている。こうした制定がされたのは、これ以前に他の色や綾羅錦綺を身に着ける者がいたからと考えられる。

(30)　日本では、文献上の記載の年代からすれば、紫衣よりも緋衣を賜うという記述のほうが早くから見られる。『続日本紀』巻十、天平元年（七二九）八月五日の条に、

唐僧道栄。身生本郷。心向皇化。遠渉滄波。作我法師。加以訓導子虫。令献大瑞。宜擬従五位下階。仍施緋

色袈裟幷物。（『国史大系』第二巻、続日本紀、吉川弘文館、一九六七年九月、一一九頁）

とあるように、聖武天皇が、唐僧の道栄に緋袈裟を贈ったのがその初めである。

そして日本で、紫袈裟を賜った記述の最初のものは、『続日本紀』天平十八年（七四六）五月十八日に見られる。

僧玄昉死。玄昉俗姓阿刀氏。霊亀二年入唐学問。唐天子尊昉。准三品令着紫袈裟。天平七年随大使多治比真人広成還帰。賷経論五千余巻及諸仏像来。皇朝亦施紫袈裟着之。尊為僧正安置内道場。（『国史大系』第二巻続日本紀、吉川弘文館、一九六七年九月、一八八頁）

玄昉は唐の天子より賜紫され、天平九年（七三七）八月二十六日僧正となり、日本でも聖武天皇から紫衣を賜った。これが日本における紫衣を賜る初めであるといわれている。

(31)『大正大蔵経』第二十二巻、八五五頁a。
(32)この読み下しは、『国訳一切経印度撰述部』律部三、一九六頁を参照し、誤りの部分については訂正している。
(33)『大正大蔵経』第二十二巻、九九八頁c。
(34)久馬註(17)前掲書、二十一頁。
(35)『大正大蔵経』第二十三巻、七一六頁a。
(36)『大正大蔵経』第二十三巻、五二七頁b。
(37)同、七一六頁a。
(38)個人の体の大きさにより、田相、条葉、縁の裂の幅が変動するだけである。
(39)『大正大蔵経』第二十二巻、八五六頁c～八五七頁a。
(40)久馬註(17)前掲書、二六～二七頁。
(41)同、二六～二七頁。
(42)同、二六～二七頁。
(43)同、二六～二七頁。
(44)同、二六～二七頁。

(45) 同、二二六〜二二七頁。
(46) 『大正大蔵経』第二十三巻、一五六頁c。（　）内は、佐藤密雄『原始佛教教團の研究』（山喜房佛書林　一九六三年三月）、六七二頁による。以下よりの衣材の（　）も同じ。
(47) 『大正大蔵経』第二十二巻、一八九頁a。
(48) 同、八四九頁b。
(49) 『大正大蔵経』第二十三巻、五七三頁c。
(50) なぜこうした違法な金襴袈裟が現代の主流になっていったのかについて、かつて論者は「金襴袈裟の展開」（『密教図像』第十九号）という論文で歴史的展開について述べたことがある。現代日本における袈裟の種類は、宗派ごとの違いや用途に応じて非常に細かく分かれている。それゆえすべてを列挙しかねるが、それぞれの宗派ともに「九条袈裟」「七条袈裟」の金襴や刺繡の袈裟を用いることが多い。各宗派ともに袈裟は、晴れの場に身に着ける正式な袈裟と、日常身に着ける略式の袈裟がある。僧侶にとっての晴れの場というのは、葬式である。葬式は、「引導」という、死者と仏の縁を結ぶための儀式であるが、それは人間にとって一番重要なことと考えられているので、晴れの場にふさわしく豪華な金襴の袈裟と金襴の帽子、紫衣をまとうということになっている。こうした華美な袈裟を荘厳衣などという名称でいいあらわす宗派もある。あくまでも晴れの日の特別な衣服という意味である。前日に行われる通夜は、引導を行わないので、金襴は着けないことになっている。
しかし、これらの袈裟は実は仏教本来の教えからすると違法な衣服で、経典においても禁じられている。福田会の人々は、このような違法な金襴袈裟に対して反論している。
(51) 『大正大蔵経』第二十四巻、八一五頁a。
(52) この現代語訳は論者による。『十誦律』巻第十五に、「直縫所以不得者。以是世人衣法故。以却刺異俗。」（『大正大蔵経』第二十三巻、一〇九頁b）とある。読み下しは、「直縫を得ざる所以は是れ世人の衣法なるを以つての故に却刺を以つて俗に異するなり」（『国訳一切経印度撰述部』律部五、三四六頁）である。
(53) 岡本光文『糞掃衣を作る』（一宮福田会プリント冊子）一四〜一五頁。
(54) この調査内容について詳しくは、拙稿「『糞掃衣』研究」（『文化論輯』第八号、一九九八年）を参照。

(55) 『大正大蔵経』第二十三巻、一九五頁a。
(56) 伊藤博陽『おかげさまのありがとうの愛の糞掃衣』、長楽寺、一九九二年六月、二四頁。
(57) 同、二七頁。

第二章　糞掃衣の理念の歴史（一）

——インド・経典分析を中心に——

はじめに

第一章で、糞掃衣は、福田会で特別な袈裟として尊重され、製作されているということを述べた。では、この糞掃衣が福田会で特別な袈裟とされるのはなぜであろうか。それは、沢木興道が糞掃衣の重要性を説いたからである。

では、なぜ沢木興道は糞掃衣を特別な袈裟と考えるのだろうか。沢木によれば、糞掃衣は経典に説かれている袈裟で、曹洞宗の祖である道元もその重要性を説いているからなのである。したがって、福田会で糞掃衣が特別な袈裟として尊重される理由は、経典に説かれる袈裟であるという点と道元などの高僧が説いている点に求められる。

そこで、本章では、福田会で製作される糞掃衣が特別性を持つ理由を深く理解するために、まず、経典に説かれる内容を中心に分析を行う。また、経典を手がかりに、糞掃衣の布と製法に焦点を当て、糞掃衣に託された理念の歴史を分析する。

第一節　糞掃衣の語源と使用目的

現代の日本で、糞掃衣に、なぜ特別な思いもしくは信仰の念が抱かれているかといえば、そのように思わせる記述が経典の中に存在するからである。そこで仏教信仰の原点ともいえる経典で説かれる糞掃衣の記述から、糞掃衣の語源、糞掃衣着用の目的などを、以下より詳しく分析したい。

「糞掃衣」の語は、サンスクリット語「pāṃsu-k la」を漢訳経典に訳出する際に「糞掃衣」という漢字を当てたものである。『清浄道論』(Visuddhimagga) を編纂したブッダゴーサ (Buddhaghoṣa) は、糞掃衣の語義について以下のように述べている(1)。

rathikāsusānasankārak ṭādīnaṃ yattha katthaci paṃs naṃ upariṭhitattā abbhuggataṭṭhena tesu paṃsusu k lam ivā ti paṃsuk laṃ.(2)

《道路・塚墓・塵芥棄場等のいかなる場所にても、糞掃《パンス》(塵埃) の積れるが故に高くなれる義によりて、(その塵埃を塵埃《パンス》の堆丘《クーラ》と言ひ、比丘の著くる糞掃衣は)、其等の場所に於ける塵埃《パンス》の堆丘《クーラ》の如しとて、糞掃衣《パンスクーラ》(塵堆衣) と言はる(3)。》

ブッダゴーサは「糞掃衣 (pāṃsu-k la)」の「pāṃsu」は「汚物」「ちりあくた」、「k la」は「土手」「うず高くなっている所、様」を意味するということから「汚物の集積の如きもの」と解釈している(4)。また、「pāṃsu-k la」の「k la」を「ku-ula」と分解して考え、「汚物の如く厭悪されるもの」という解釈も行っている(5)。

「pāṃsu-k la」に「糞掃衣」を当てたのは、「pāṃsu」(パーンス)の音写が「糞掃」であるためである。「pāṃsu」には、「地・砂・土・乾土・塵・埃塵・埃塵土・泥団」等の意味がある。中村元は「糞を拭った穢物に等しいという意味で、シナでは音訳を兼ねて糞掃衣と訳したのである」[6]と述べている。「糞掃衣」の語義は、「糞を拭った穢物に等しいもの」「汚物の集積の如きもの」「汚物の如く厭悪されるもの」「塵のなかから集めてつくった衣」等であるといえる。

糞掃衣の語源はこのような意味であるが、実際にはどういった衣を糞掃衣というのであろうか。律蔵である『四分律』巻第三十九に、次のように記されている。

於市中巷陌糞掃中。拾弊故衣作僧迦梨畜。[7]

《市中の巷陌糞掃の中に於て、弊故衣を拾うて、僧伽梨を作りて、蓄ふ。[8]》

とあり、また『摩訶《まか》僧祇律《そうぎりつ》』巻第十六にも、

里巷中棄弊故衣。取浄浣補染受持。是名糞掃衣。[9]

《里巷中に棄てたる弊故衣を取り、浄浣補染して受持す。是れを糞掃衣と名づく。[10]》

すなわち、塵芥にまみれた裂や、汚染された裂、人が不用になり捨てた裂などを清潔に洗い、使えそうな部分を切り取り、綴り合わせて刺子を施し、一枚の袈裟に仕立てる。それが「糞掃衣」なのである。

しかしながら、このような衣服を身に着けるのは一体どうしてなのか。何のためにこうした衣服を身に着けるのであろうか。

ブッダゴーサは、以下のように述べる。

athavā paṃsu viya kucchitabhāvaṃ ulatī ti paṃsuk laṃ, kucchitabhāvaṃ gacchatī ti vuttaṃ hoti.(11)

《或はまた塵埃《パンス》の如く厭悪《クッチタ》の状態に赴く《ウラティ》――厭悪の状態に至ると言はれたるなり――とてパンスクーラなり。(12)》

「厭悪の状態に至る」という意味で「パンスクーラ」つまり糞掃衣というとしている。言い換えれば「糞掃衣」は、「厭悪の状態に至る」ための衣であるといえる。また、大乗経典の『大宝積経』巻第百十四には、以下のような記述がある。

仏告迦葉。（中略）迦葉。何故名糞掃衣。迦葉。譬如死屍人所不貪。不生我所心。法応除棄。迦葉。如是糞掃衣。非我非我所。是易得非邪命。不求他不観他顔色。捨棄之物糞掃無異亦無所属。是故名糞掃衣。(13)

《仏、迦葉に告ぐらく。（中略）迦葉、何故に糞掃衣と名くるや。迦葉、譬へば、死屍《しし》の如きは、人の貪らざる所にして、我所心《がしょしん》を生ぜざる法なれば、応に除き棄つべきが如し。迦葉、是くの如くに、糞掃衣には、我に非ず我所に非ずして、是に得易ければ邪命《じゃみょう》に非ず、他に求めず他の顔色《げんしき》を観ずして捨棄せる物なれば、糞掃と異る無く、亦属する所無し。是の故に糞掃衣と名くるなり。(14)》

これは、釈尊がなぜ糞掃衣と名付けたかという理由を、摩訶迦葉に説いている記述である。その部分を現代語訳すると以下のようになる。

「迦葉よ、たとえば死体のようなものは、人が貪りの心を起こさないで、我に所属するものがあると思う心を生じない真理であり、まさに除き捨てるべきものである。迦葉よ、このように糞掃衣は、我ではなく、我の所有するものでもなく、得やすいのであればよこしまな生活ではなく、他に求めず他の形を観ずに捨てられたものであれば、糞掃と異ならず、また属するところがない。これゆえに糞掃衣と名付けるのである。[15]」

糞掃衣は、我に所属するものという、わがものという観念を越えた、形としてとらえるところを越えたもの、であるという。

仏教では、すべての物事に対する執着心、つまり欲を捨て煩悩を制することによって、「悟り」といわれる境地に到達することを目指している。それゆえ仏教修行者は、欲を捨てるために「四聖種《ししょうしゅ》、四依《しえ》、頭陀行《ずだぎょう》」といった修行を行わなければならない。そこに糞掃衣を身に着けるという項目が含まれている。糞掃衣を身に着けるということは、修行の一環なのである。

では、なぜ仏教修行者は「衣服を着用する」ということを修行項目として入れているのであろうか。仏教とほぼ同時代にインドで興ったジャイナ教は、衣服に関しては「無所有」の考え方から身に何も纏わない裸形を最適のものとしていた。[16]ジャイナ教はやがて空衣派とよばれるディガンバラ派と、これに対して衣服を着用する白衣派とよばれるシュヴェーターンバラ派に分かれることになるが、[17]基本となる考え方は「無所有」であった。そうしたジャイナ教に対し、仏教では「衣服を着用する」ことを定めているわけである。「欲、執着心をおこさない」目的ならば、空衣派のように、裸形で過ごすというのが、最も衣服に執着せず最適な姿だと思われる。しかし、それをあえて「衣服を身に着ける」理由は何なのだろうか。その問題を考えるために、仏教で袈裟がどのように制定されているのかを考えてみたい。

袈裟についての記述を見ると、大きく分けて色、形、素材が定められている。このうち、衣材についての記述は非常に多く、かつ詳細である。こうした点から考えるに、衣材が非常に重要なものと位置づけられていることがうかがえる。

インドの袈裟の衣材については、すでに述べたように、麻、木綿、毛織などの裂を用いると定められていた。ところが、別に「糞掃衣」といわれる袈裟は、一般的な袈裟に定められる裂とは異なる衣材を用いるのである。

少し時代の下がる大乗経典の『大宝積経』巻第百十四に、以下のような記述がある。

迦葉。畜糞掃衣比丘。安住聖種不応生憂。於糞掃衣応生塔想。応生世尊想。応生出世想。応生無我無我所想。如是観已著糞掃衣。応如是調伏其心。由心浄故得身浄。非身浄故得心浄。迦葉。是故当浄其心莫厳飾身。何以故。由心浄故。於仏法中得名梵行。迦葉。如是畜糞掃衣比丘。能如是学。則為学我。亦学於汝。迦葉。若汝能畜如是麁衣。則便知足行於聖種。⑱

《迦葉、糞掃衣を畜ふる比丘は、聖種に安住して応に憂を生ずべからずして、糞掃衣に於ては、応に塔の想を生ずべく、応に世尊の想を生ずべく、応に出世の想を生ずべく、応に我無く我所無き想を生ずべし。是くの如くに観じ已つて、糞掃衣を著けて、応に是くの如くに其の心を調伏すべし。心浄きに由るが故に身の浄きを得れども、身の浄き故にて心の浄きを得るに非ず。と。迦葉、是の故に、当に其の心を浄むべくして、身を厳飾する莫かれ。何を以ての故ぞ。心浄き故に由つて、仏法の中に於て梵行と名くるを得ればなり。迦葉、是くの如くに、糞掃衣を畜ふる比丘にして、能く是くの如くに学ばば、則ち我れを学びたりと為し、亦汝に於いても学べるなり。迦葉、若く汝は能く是くの如き麁衣を畜へ、則便に

足ることを知って聖種に於いて行ずればなり。[19]》

右の記述を現代語訳すると、「迦葉よ、糞掃衣を持つ僧侶は、聖種（修行）に安住して憂を生じるべきではなく、糞掃衣においては、塔の想いを生じるべく、世尊の想いを生じるべく、出世の想いを生じるべく、我が無く我所が無い想いを生ずるべきである。このように観じて、糞掃衣を着けて、心を調伏するべきである。心が浄らかであるために身の浄らかさを得ることはできるが、身が浄らかであるからといって心の浄らかさを得られるわけではない。迦葉よ、これゆえに、心を浄らかにしようとして、身を飾りたてってはならない。何のためかといえば、心が浄らかならば、仏法の中で梵行を得られるからである。迦葉よ、このように、糞掃衣を持つ僧侶は、よくこのように学べば、我れを学んだこととなり、また汝においても学ぶことができるのである。迦葉よ、汝はよくこのような粗末な衣を持ち、足ることを知って聖種を行うのである。」となる。

ここで言われることを要約して述べると、身を飾り、身を浄らかにすることによって心は浄らかにならない。糞掃衣のような衣を持ち、心が浄らかになるよう努めるべきで、これこそが聖種といわれる修行なのである、ということになる。

以上のことから考えると、仏教で貪りの心をおこさない目的で衣を着けることを制定したのは、衣服を身に着けることによる心理的効果の側面を重視していたためであったことが指摘できるだろう。衣服は、内面、外面において影響を与える。そうでなければ、わざわざ衣の種類を限定して定める必要がないはずである。実際、衣服が心理に影響を与えることは、神山進などの研究によって明らかにされている。[20]

第二節　経典記述における糞掃衣

本節では、前節の検討をふまえて、糞掃衣の素材となった裂の性格から、その聖性を考えてみる。まず、経典のうち僧侶の生活規則などを定める「律」といわれる戒律から、糞掃衣に定められる裂を見てみよう。

一　『五分律』に定める衣材

弥沙塞部（化地部・正地部・不可棄部）の伝える律である『五分律』巻二十一に、十種類の糞掃衣の衣材が定められている。

仏言聴作糞掃衣取。諸比丘不知有幾種糞掃衣。以是白仏。仏言。糞掃衣有十種。王受位時所棄故衣塚間衣覆塚衣巷中衣新嫁女所棄故衣女嫁時顕節操衣産婦衣牛嚼衣鼠咬衣焼衣。[21]

ここには、糞掃衣の衣材としてふさわしい裂が十種挙げられている。弥沙塞部以外にも各部派ごとに規定があるのだが、いずれの部派の経典においても糞掃衣の衣材に該当する箇所に関しては、残念ながら、サンスクリット、パーリ原典を現在のところ見つけることができない。それゆえ、漢訳経典だけが唯一の文献根拠ということになる。

インドの各部派では、戒律を整え、経、律、論の三蔵からなる経典を編纂した。[22] 経典が最もよく残っているのは上座部である。これらの部派は西インドからスリランカへ伝えられ、その地で三～五世紀頃、古いインドの俗語であるパーリ語で膨大な経典が著された[23]。戒律経典の糞掃衣の衣材の記述に該当する箇所のサンスクリット、パーリ原典が存在していないということから、糞掃衣に関する規定の成立は、原初仏教経典の成立年代より時代が下るかもしれないと考えられる。その時代、仏教はヒンドゥー教の影響が入ってくる時代にさしかかる。したがって、こうした十種という糞掃衣の衣材規定は、ヒンドゥー教の影響を受けている可能性が高いと考えられる。

そこで、インド最古のバラモン教の文献で、のちの仏教や、バラモン教が再生したとされるヒンドゥー教に影響があるとされる『リグ・ヴェーダ』や、西暦二世紀までに編纂されたとされるヒンドゥー法典[24]『マヌ法典』等のインドにおける諸文献を参考にしながら、以下では、この十種の裂が好まれた理由をそれぞれ分析する。

1　王受位時所棄故衣（おうじゅいじしょきこね）

これは、王が即位する時に、その即位儀礼の際に用いた特別な衣（布）のことである[25]。この衣は呪力があるということで即位儀礼が終了すると捨てられた。『リグ・ヴェーダ』『マヌ法典』等の文献には、王に関するさまざまな細かい規定が見られる。インド思想史が専門の松濤誠達《まつなみよしひろ》は以下のように述べる。

これは読んで字のごとく、王が即位式を受けたとき脱ぎすてた古い衣服、という意味であろう。古代インドの王の即位式は、前述の「ヴェーダ」の伝統にのっとって行われるもので、その祭祀の名をラージャスーヤ（rājas ya- 王を産むもの、の意）という。この祭祀は一年にもおよぶ長大なもので、その最大のクライマックスは、祭官である四人のバラモンが東西南北の四方から王の頭頂に特殊な水を注ぎかける儀礼である。その特殊な水が「ラージャスーヤ（王を産むもの）」と呼ばれ、それが即位式そのものの名とされているのである。そして水を注ぐその儀礼を「アビシェーカ(abhiṣeka-)」と呼ぶ。この語は漢文では「灌頂」と訳される。真言密教等で行われる「灌頂」の原型は、実は古代の王の即位式にある。

王は、頭に水を注ぎかける儀礼の前に、特別な衣服を身に着ける。その衣服は、祭祀の過程の中では、胎児を包む羊膜であるとされる。この段階の王は、祭祀の上で胎児の状態とされているのである。王の頭頂に注がれる水が「ラージャスーヤ（王を産むもの）」と呼ばれる理由はここにある。

王は水を頭頂に受けたあと、祭祀の上で沐浴を行う。王が身にまとっていた特殊な衣服――それは胎児を包む羊膜とされた――は、この沐浴の水の中に脱ぎ去られる。この衣服はきわめて呪力に満ちたものであると考えられ、したがって一般の人間に与えることはできなかった。同じく呪力を持った人間である祭官のバラモンがこれを得たのである。王の即位式が「王の誕生」の意味を持っていることは留意すべきである。(26)

こうした王位に即くという儀礼とは異なる別の儀礼の際にも、特別な衣服を身に着けるということはよく見られる。ある状態から別の状態へ変化させる時に、衣服がその変化の道具として用いられるのである。別の状態に移行したり、別の人に「変身」しようとする時、顔や身体を大きく変化させるということは難しいが、衣服ならば簡単に変化させることができる。他者や自己に変化を感じるために衣服は一番用いやすい道具なのである。この場合の即位した時に捨てられる特別な服は、松濤によれば、胎児を包む羊膜を象徴しており、新王＝胎児を包んでいた「衣」であるという。

一般の人間が王という別の人格へ変化しようとする際、衣服を交換することによって、王へ変身する。「王が即位式を受けたとき脱ぎすてた古い衣服」は、そうした変身の切り替わりの役目を果たす、つまり身分が代わる時のまさに境界線上にある衣服＝羊膜といえよう。こうした切り替わりの際に捨てられた衣服は、インドにおいては呪力を持った衣あるいは危険な力を持った服と考えられていたのである。それは、こうした衣服を沐浴の水の中に捨てるという行為からもうかがえる。インドでは、『マヌ法典』などで、何か罪を犯して不浄になったとか、不浄なものに触れた場合などに、沐浴をするよう定められているように、沐浴は浄めるため行うことになっている。それゆえ、沐浴の水の中へ捨てるよう決められているものは、呪力あるもの、不浄なものと考えられているものであって、触れてはならないものとされていた。

こうした一般に触れてはならない呪力のある衣服を、糞掃衣の衣材として用いるよう定められているという点は、非常に興味深い。他の項目についてはどうであろうか。

2　塚間衣（ちょけんね）

これは、塚間（墓場）で拾った死人などの衣である。[27]

リグ・ヴェーダ時代、人が死ぬと原則的に火葬が行われ、遺骨を壺に納めて土中に埋めていた。[28] 人の死があると、親族は一定の期間、身心を清浄に保ち、死が生存者に及ばないように祈るということが行われた[29]。

『マヌ法典』「潔斎」には、以下のような記述がある。

死亡による不浄は、すべて（のサピンダ親）に共通なれども、出生によるものは、両親のみ（これを受く。）又母のみ（これを受け）又は沐浴によりて清浄となる[30]。

（中略）

死体に触れたる者は三日間の三期間に一昼夜を（加へたる）後（十日間の意）に浄めらる。（死者に）聖水を供ふる者は三日の後に（浄めらる）[31]。

当時のインドにおいて、死というものは、不浄なものであり、そうしたものに関わるのはよくないとされていたことがうかがえる。死体を運ぶ者など、死体と関わることや死体と関わるモノすべては不浄とされ、触れてはならないものとされていた[32]。それゆえ死人の纏っていた衣は、不浄なもので、避けるべきものという認識がされていたに違いないと考えられる。

また、死人が纏っていた衣というのは、この世からあの世へ変化していく時の境界にある衣である。こうした移り変わりの境界で身に着ける衣服は、呪力のある衣とみなされていたのであろう。

3 覆塚衣（ぶちょうね）

これは、祖先祭のためにその塚を覆った衣（布）のことである[33]。これも祭が終わったらその場に捨てられた。

『マヌ法典』では「ヴェーダの学習」におけるきまりについて、以下のように述べられる。

埋葬地の附近、或は村の附近、或は牛舎に於て、或は性交の際に著したる衣服を著せる間、或は祖霊祭の供犠の贈物を受けたる後にては学習する勿れ[34]。

埋葬地の附近では学習してはならないとされる。これもおそらく、埋葬地が死体遺棄の場所とかかわる場所であり、そうした場所が何らかの呪力のある危険な場所だと考えられていたためであろう。インドでは、物質だけでなく、場所も、呪力のあるということを忌み嫌って避けている。先の死体運搬人と同様、死にかかわるということは、インドにおいて、全般にわたって避けるべきものとされているので、死体の埋葬されている塚は、そうした意味で避けるべき場所とされていたのであろう。

4　巷中衣（こうちゅうね）

これは、道で拾った衣（布）のことである。

ニロッド・C・チョウドリーは『ヒンドゥー教』で以下のように述べる。

街道や道路は一般に不浄とみなされていた。そこで、旅行や歩行のあとでは、男女ともつねに手足と顔を洗い、また衣類を着替えた。これはたしかに、もともとは身体的な意味での不潔感から始まったものであったが、やがて宗教的な意味での不浄感へと発展していった[35]。

インドでは、道ばたというものは、不浄な場所と考えられていた。こうした場所に捨てられていた衣に触れることは、穢れることとされた。しかし、こうした呪力のある衣をも、仏教者は拾って糞掃衣にしていた。

5 新嫁女所棄故衣（しんけにょしょきこね）

この衣は、新婦が結婚式に臨む前に行った沐浴に用いた古い衣（布）である。それは呪力があるものとされて捨てられた。『リグ・ヴェーダ』に「婚姻の歌」が見られるのをはじめとして、婚姻に関することも細かく『マヌ法典』などに説かれている。伝統的に決められている規則に従って婚姻は行われた。この衣について松濤は以下のように述べている。

古代インドの結婚式は「ヴェーダ」の伝統にのっとって行われた。現代の結婚式でさえも同様である。結婚式に先立って花嫁は沐浴をする。そして花嫁の衣服によって、沐浴したばかりの花嫁の身体をぬぐうのである。その際のかの女の衣服は呪術的な危険な力に満ちているとされる。その衣服は花嫁の付き添いの男に手渡されるが、危険な力に満ちた衣服なので、その男はそれを直接手で受けることはできない。ある樹木の棒でこれを受けとり、これを木にかけるとされている。以前に、ラージャガハの長者の衣服がねずみにかじられ、息子は危険な衣服なので棒に掛けてそれを運んだと記した。それと同じ扱いである。

沐浴が終わると花嫁は新しい衣服を身にまとう。したがって、かの女の身体をぬぐった衣服は、かの女の古い方の衣服である。「新嫁女所棄故衣」とは、結婚式を迎えて嫁ぐ花嫁によって捨てられる古い衣服の意味である。今ここに説明した衣服であることはまちがいないであろう(36)。

こうした嫁ぐ時捨てられる衣服は、やはり呪力のある危険な衣服であると認識されている。これは、やはり、結婚という、身分が変化する時の境界的役割を持つ衣服に、呪力があるとみなされていたためではないだろうか。そのように考えると、糞掃衣の衣材として定められる呪力のある衣服は、「境界性」ということが重要な点ではないだろうか。

6　女嫁時顕節操衣（にょけじけんせつそうね）

これは、婚姻初夜における衣。節操を顕す衣のことである。[37]

『リグ・ヴェーダ』「婚姻の歌」で以下のように述べられる。

そは青黒く赤し、呪法としての汚染（初夜の出血）は印せられたり（初夜の肌着の汚染）。彼女の縁者は繁栄す。夫は呪縛にかけられたり。[38]〈二十八〉

［汚れし］衣を棄てよ。バラモンに財を分ち与えよ。この呪法は足を得て、妻として夫に入る。[39]〈二十九〉

輝く身体は、かくも醜く、美観を失う、夫が妻の衣をおのが肢体にまとわんとするとき。[40]〈三十〉

（中略）

そ（新婚の肌着）は有害なり、そは鋭し、逆鉤をもち、毒物のごとく食ろうに適せず。スーリアーの歌（本讃歌）を知る祈禱者（呪力あるバラモン）、彼のみ新婦の衣を受くるにふさわし。[41]〈三十四〉

切断、細分、また分割、見よ、スーリアー（新婦）の形態（または色）を。されど祈禱者はそれらを清む。[42]〈三十五〉

辻直四郎によると「毒物のごとく食ろうに適せず」の「食ろうに適せず」は「毒物」の縁語だとし

て、新婦の肌着に触れることの危険を指すという[43]。嫁いだ女性が初夜に着ていた肌着は、呪力あるものとして捉えられており、その呪力がもたらす危険を避け、その衣をバラモンに与えるのである。こうした初夜の衣は、当時、呪力のある衣ということで、捨てられていた。これを扱うバラモンも、スーリアーの歌（本讃歌）を知る祈禱者（呪力あるバラモン）のみに限られていた。それほど初夜の衣は、呪力が強い衣とみなされていたのである。これもやはり、女性が切り替わるという境界の時の衣服である。

7　産婦衣（さんぷね）

これは、産婦がお産の際、汚した衣である[44]。

『マヌ法典』の「灌沐者に対する規則」で、以下のように述べられる。

　威力を欲するバラモンは、自分の目に眼膏を著け、身に油を塗り、或は裸体となり、或は分娩中の（女）を注視すべからず[45]。

バラモンは、威力を得るためには、産婦を見てもいけないというのである。

同じく『マヌ法典』の「ヴェーダの学習」においても以下のように述べられる。

　臥床に横たはれる間、足、（長椅子の上に）上げられ居る間、膝に布片を纏ひて坐せる間は学習すべからず。又肉、或は出生死亡の故に汚れたる人より与へられたる食物を食したる時は学習すべからず[46]。

ここで、「出生死亡の故に汚れたる人より与へられたる食物を食したる時は学習すべからず」とある。死が不浄と考えられていることについては先に触れたが、出生も不浄なことであると考えられ、そうした人から与えられる食事をした時は学習してはならないという。死だけでなく、命が生まれる時も同様に不浄と考えられ、避けられていた。

チョウドリーは以下のように述べる。

分娩がおこなわれると、部屋はまた不浄になるとされ、そのような穢れた部屋に入った者は、衣服を脱ぎ沐浴をしたのち、はじめて他の部屋に入ったり、他の人に触れることができた。そのためにしばしば出産用の仮説小屋が建てられたのも不思議ではない。女性の生理期間も同様に不浄とされ、月経中の女性は庭の片隅の小屋に行って、身が清まるまで莚を敷いて寝起きしなければならなかった。その結果、ヒンドゥーの多くの女性は産褥後さまざまな伝染病に罹ったという。

人体や衣類は、他のなにものにもまして穢れに汚染されやすいとされたことは言うまでもない[47]。出産の時に流れる血と、出生そのものの二つが不浄なものとされ、避けるべきものとされていた。そして出産も「生」という大きな移り変わり、境界である。その時身に着けていた衣も呪力のあるものとされていたのである。

8　牛噛衣（ぎゅうそね）

これは、牛が噛んだ衣のことである[48]。

牛は、『リグ・ヴェーダ』『ジャータカ』『マヌ法典』等の文献で頻繁に挙げられる動物で、婚姻などで牛が贈られるなど、インドで神聖な動物として認識されていることは明らかである。こうした牛であるが、噛んだものについては不浄とされた。

『マヌ法典』「灌沐者の規則」で、食べてはいけないものの項目に、「牝牛の嗅ぎたる食物[49]」というのがある。他に「鳥の啄《ついば》み、或は犬の触れたるもの[50]」というものもあって、動物が啄んだり、触れるということは不浄になるという考えがみえる。

インドでは、動物が噛んだものは、一般的に不浄とみなされる。それゆえ、牛の噛んだものは、身に着けられない衣となり捨てられたのである。

9 鼠咬衣（そこうね）

これは、鼠がかじった衣である[51]。

『マヌ法典』で「ヴェーダの学習」において、以下のように定められる。

家畜、蛙、猫、犬、蛇、鼬、或は鼠（師とその生徒の）間を過ぎたる時は、ヴェーダの学習は一昼夜中断せらると知るべし[52]。

鼠がこうしたところに定められていることから考えても、鼠自体が不浄な動物としての位置づけであったと思われる。

松濤は以下のような伝承を取り上げて、この衣についての見解を述べている。

一人のバラモンがラージャガハに住んでいた。かれは仏・法・僧の三宝をよろこばず、誤った見解を抱いていたが、富裕であった。かれが箱の中にしまっておかせた高価な一対の衣服をねずみがかじってしまった。かれはこのように考えた。

「もしもねずみがかじったこの一対の衣服が家にあると、たいへんな損失が起こるであろう。なぜならばこれは不吉な、不幸にも似たものであるから、息子や娘たちにも、召使いや雇い人などにもあたえられないからである。というのも、これを手に取るすべての人にたいへんな損失が起こるからである。死体を遺棄する場所に［これを］捨てさせよう。それにしても召使いなどの手に渡すことはできない。なぜならば、もしもかれらがこの［一対の衣服に］対して貪りの心を起こし、これを手にすると、滅亡するに至るかもしれないからである。それを息子に渡そう」

そして息子を呼び、その衣類を棒に掛けて持って行き、死体を遺棄する場所に捨て、頭から水を注いで帰って来るように命じた。バラモンの息子が、父親に言われたとおりに、死体遺棄の場所にやってくると、死体遺棄の場所の入口のところに釈尊が座っていた。

釈尊は息子に、「青年よ、おまえは何をするつもりか」と尋ねた。息子がことの仔細を説明すると、「それならば捨てよ」と釈尊は言った。

息子がそれを捨てると、釈尊は息子が制止したにもかかわらず、その衣服を手にとって、竹林精舎に向かって立ち去った。

父のバラモンは、急いで帰って来た息子にその由を説明されると、息子とともに竹林精舎に赴き、その衣服を捨てた方がよいと釈尊を説得した。釈尊は次のように答えた。

「バラモンよ、わたくしはほかならぬ出家者である。［したがって］死体を遺棄する場所、道路、塵芥が［置かれた］場所、沐浴すべき聖地、大通り、以上のような場所に捨てられた、あるいは落ちている、ぼろ布がわたくしにはふさわしい(53)」

鼠がかじった衣は、牛の噛んだ衣と同様、不浄なものとされ、その衣服は、上記の伝承に見られるように、捨てるべき衣であった。しかし、こうした衣を仏教ではわざわざ身に着けたのである。

10 火焼衣（かしょうね）

これは、焼けこげた衣のことである[54]。

焼けたものについての記述は、論者の管見の及ぶかぎりでは見られない。しかし、これまで分析してきた衣材から考えて、おそらく、焼けこげたものも不浄とみなされ、呪力がある衣とされたために捨てられたのであろう。

弥沙塞部に定められる糞掃衣の衣材十種についての分析は、以上のようなものである。ところで、インドでは仏教は二十の部派に分かれており、それぞれの部派によって生活規則等の戒律の内容が異なる。このため、糞掃衣を含む袈裟についての戒律も部派の違いにより若干異なっている。

二　『四分律』に定める衣材

それでは、上述の弥沙塞部とは異なる部派では、糞掃衣の衣材にはどのような裂が定められているだろうか。曇無徳部の伝える律典である『四分律』巻第三十九では次のような裂が十種挙げられている。

糞掃衣有十種牛嚼衣。鼠嚙衣。焼衣。月水衣。産婦衣。神廟中衣。若鳥街風吹離処者。塚間衣。求願衣。受王職衣。往還衣。是謂十種糞掃衣[55]。

先の『五分律』と同様の衣材（牛嚼衣・鼠嚙衣・焼衣・産婦衣・塚間衣・授王職衣）も多いので、異なっている以下の四種のみを分析する。

1　月水衣（がっすいね）

これは、女性の月経で汚れた衣のことである。『マヌ法典』の「祖霊祭」で「月経中の婦人、及び去勢者は食事中の再生族を見るべからず[56]」とされる。また、「灌沐者に対する規則」においても、以下のように定められる。

たとへ、情慾に狂熱するとも、月経中の妻に親近すべからず。又彼女と共に、同じ床に臥すべからず[57]。

なんとなれば、月経中の婦人に親近せる者の智力、威力、体力、視力、及び寿命は失はる[58]。

かく汚れに充てる彼女を避くる時は、その智力、威力、体力、視力、及び寿命は増大す[59]。

月経中の婦人に近寄ると智力、威力、体力、視力、及び寿命が失われる、というのである。それほど、「月経」は、呪力のあるものとして近寄ることすらも恐れられていた。月経中の女性は、不浄なものとして避けられていた。それは、血の流出が関わっていたためにほかならない。ヒンドゥー教、特にアーリヤ人系の表層的ヒンドゥー教文化では、血液は非常に不浄なものとされていた[60]。

先の「女嫁時顕節操衣」や「産婦衣」等の衣も不浄とされていたが、それらは血液と関連するからである。こうした血液と関わる一切のことは、不浄なものとして避けられ、その時の衣服は捨てられた。

2　神廟中衣（しんびょうちゅうね）

これは、鳥がついばんでくわえてきた持ち主のない衣や神廟に供えてある衣が風に吹き散らされて廟中を離れたものである[61]。

3　求願衣（ぐがんね）

これは、願掛けのために使われた衣である。願掛けに使う衣などは、やはり呪力がある衣と考えられたと思われる。

4　往還衣（おうけんね）

これは、死者の棺おけにかけて葬場まで行き、帰る途中で捨てた衣である[62]。『四分律』巻第六十にも「十種糞掃[63]」が挙げられており、「産婦衣」が「初産衣」に、「神廟中衣」が「神廟衣」、「求願衣」が「願衣」、「受王職衣」が「立王衣」と記述される以外は、巻第三十九と同様である。

また、『十誦律』巻第二十七には、「四種あり[64]」とし、以下のように説かれている。

一、塚間衣……塚間（墓場）で拾った衣[65]
二、出来衣……死人を包んでいた衣を比丘に施したもの
三、無主衣……聚落の中、もしくは空地の衣であって、他に属さない衣
四、土　衣……巷陌の中、もしくは塚間、糞掃中に捨棄された衣

他にも、『根本説一切有部毘奈耶』第十七、[66]および『根本薩婆多部律摂《こんぽんさつばたぶりつしょう》』第五に五種[67]が挙げられている。これらの糞掃衣の裂の種類は、各部派によって定められる裂に多少の違いがある。しかし大半は類似した裂が挙げられ、また、いずれの裂も身に着けるのがはばかられるような素材が挙げられていることは確かである。

以上の糞掃衣の衣材分析から、糞掃衣の裂として挙げられたものは、松濤も指摘しているように、当時のインドにおいて「呪力が強い」とされていたものであるといえる。そして、糞掃衣の衣材として挙げられているものを分析すると、「不浄と考えられるもの」、そして、ある状態から別の状態へ変化するといった「境界的な意味のあるもの」、が呪力の強いものとして避けられていたのではないかと考えられる。一般人には、こうした「呪力のあるもの」は忌み嫌われ、用いてはならないものとされていたが、それがあえて糞掃衣の衣材として制定されているのである。

糞掃衣を着用するのは、解脱を目的とする出家修行者が、衣服に対して貪りの心をおこさないためである。そうした修行者の衣服に呪力の強いものを用いるのは、布の力を借りて解脱の世界へいざなう効果を期待しているためであろう。

『マヌ法典』などには、罪を犯したり、不浄に触れた時の処置として、牛糞に触れる、牛に触れる、沐浴するなどの物理的手段が用意されている。チョウドリーも述べるように、インドではこうした物理的手段によって変化を期待することはよくあったのである。[68]それゆえ、仏教においても、悟りを目指す出家修行者の衣服に聖性を持たせるために、呪力が宿っていると考えられる衣材を利用して、糞掃衣に用いたのではないかと考えられる。

また、実際にこうした糞掃衣になり得る裂を集めることは大変困難であったようで、『四分律』巻第三十九などに、糞掃衣の衣材を得るために、比丘が他の比丘の置いていた衣を「糞掃衣になる衣だ」と取って問題になったり、他の比丘と糞掃衣の布を取りに行って争いが起こったなどの話が見られる。(69) こうしたことからも、十種糞掃衣として定められるような衣材は実際には手に入りにくい衣材であり、衣服に対して貪りの心をおこさないということを目的として、意図的に、あえてこのような呪力のある裂を衣材として定めたといえよう。

インドにおいて、糞掃衣は、解脱のため、欲、執着をおこさないようにしていくという仏教の教えを実践するうえで、効果がある衣と考えられた。糞掃衣を身に着けるということが修行であり、効果につながるものであった。衣材における効果が重視され、「不浄性」「境界性」という側面が特徴として挙げられる。そうした物理的な衣材に宿る危険な呪力を持った裂を、ことさら好んで糞掃衣に用いていたのである。

それでは、こうしたインドの経典で定められる糞掃衣は、日本では、どのように受け入れられ、今日に至っているのだろうか。次章では、日本における糞掃衣の理念の歴史を考察する。

註

（1）阿部慈園「糞掃衣考」（『東方』第一号、一九八五年四月）一六五頁。
（2）「DHUTANGANIDDESO II」（『VISUDDHI-MAGGA』London 1975）六〇頁。
（3）「清浄道論」（『南伝大蔵経』第六十二巻、一九三七年）一一九頁。
（4）阿部註（1）前掲論文、一六六頁。

(5) 同、一六六頁。
(6) 中村元『原始仏教の成立　原始仏教二（中村元選集第十二巻）』、春秋社、一九六九年十一月、三一八頁。
(7) 『大正大蔵経』第二十二巻、八四九頁b。
(8) 『国訳一切経印度撰述部』律部三、一七七頁。
(9) 『大正大蔵経』第二十二巻、三五七頁a。
(10) 『国訳一切経印度撰述部』律部九、一二三頁。
(11) 註(1)前掲書、一六〇頁。
(12) 「清浄道論」（『南伝大蔵経』第六十二巻、一九三七年）一一九頁。
(13) 『大正大蔵経』第十一巻、六四六頁c。
(14) 読み下しは、『国訳一切経印度撰述部』宝積部六、二四九〜二五〇頁を参照し、誤りのある部分については訂正した。
(15) 語彙の意味は、中村元『仏教語大辞典』（東京書籍、一九八一年五月）を参考にしている。
(16) 阿部註(1)前掲論文、一六三頁。
(17) 同、一六三頁。
(18) 『大正大蔵経』第十一巻、六四七頁a〜b。
(19) 読み下しは、『国訳一切経印度撰述部』宝積部六、二五一頁を参照し、誤りのある部分については訂正した。
(20) 神山進は『衣服と装身の心理学』（関西衣生活研究会、一九九〇年）で、被服を着るのは「快適感・安心感を得る心理的報酬を得る手段」であると述べる。
(21) 『大正大蔵経』第二十二巻、一四三頁b。
(22) 山崎利男『世界の歴史4　悠久のインド』、講談社、一九八五年一月、九九頁。
(23) 同、九九頁。
(24) 山崎元一『世界の歴史3　古代インドの文明と社会』、中央公論社、一九九七年二月、二〇六頁。
(25) 阿部慈園『インド仏教文化入門』、東京書籍、一九八九年十月、一二五頁。

(26) 松濤誠達『浄土選書16　仏教者たちはこうして修行した――わたくしの釈尊論――』、浄土宗、一九九一年三月、八七～八八頁。
(27) 水野弥穂子『道元禅師のお袈裟』、柏樹社、一九八七年十二月、一七〇～一七一頁。
(28) 辻直四郎『リグ・ヴェーダ讃歌』、岩波書店、一九七〇年五月、二四六頁。
(29) 同、二四六頁。
(30) 田辺繁子『マヌの法典』、岩波書店、一九五三八年一月、一五二頁。
(31) 同、一五三頁。
(32) 『マヌ法典』「祖霊祭」で供犠をしてはいけない者の中に、「死体の運搬人」が挙げられ、「灌沐者の規則」で、食べてはいけない場合の項目に、「死による十日の汚れの過ぎざる人によりて（与へられたる）食物」というのがある。
(33) 『国訳一切経印度撰述部』律部十四の一五一頁注と一五三頁注を参考にした。
(34) 田辺註(30)前掲書、一二六頁。
(35) ニロッド・C・チョウドリー著・森本達雄訳『ヒンドゥー教』、みすず書房、一九九六年五月、二五六頁。
(36) 松濤註(26)前掲書、八九～九〇頁。
(37) 『国訳一切経印度撰述部』律部十四の一五一頁注と一五三頁注を参考にした。
(38) 辻註(28)前掲書、二四二頁。
(39) 同、二四二頁。
(40) 同、二四二頁。
(41) 同、二四二頁。
(42) 同、二四二～二四三頁。
(43) 同、二四五頁。
(44) 水野註(27)前掲書、一七〇～一七一頁。
(45) 田辺註(30)前掲書、一一七頁。

(46) 同、一二五～一二六頁。
(47) ニロッド・C・チョウドリー註(35)前掲書、二五七頁。
(48) 水野註(27)前掲書、一七〇～一七一頁。
(49) 田辺註(30)前掲書、一三七～一三八頁。
(50) 同、一三七頁。
(51) 水野註(27)前掲書、一七〇～一七一頁。
(52) 田辺註(30)前掲書、一二七頁。
(53) 松濤註(26)前掲書、七三～七四頁。
(54) 水野註(27)前掲書、一七〇～一七一頁。
(55) 『大正大蔵経』第二十二巻、八五〇頁a。
(56) 田辺註(30)前掲書、一〇五頁。
(57) 同、一一七頁。
(58) 同、一一七頁。
(59) 同、一一七頁。
(60) ニロッド・C・チョウドリー註(35)前掲書、二五八頁。
(61) 水野註(27)前掲書、一七〇～一七一頁。
(62) 同、一七〇～一七一頁。
(63) 『大正大蔵経』第二十二巻、一〇一一頁b。
(64) 『大正大蔵経』第二十三巻、一九五頁a。
(65) 意味は、清水乞編『仏具辞典』(東京堂出版、一九七八年九月)、一四四頁による。
(66) 『大正大蔵経』第二十三巻、七一五頁c。
(67) 『大正大蔵経』第二十四巻、五五二頁a。
(68) ニロッド・C・チョウドリー註(35)前掲書、二五五頁。

(69)

爾時衆多居士。於塚間脱衣聚置一処埋死人。時糞掃衣比丘。見謂是糞掃衣取之而去。時諸居士見語言。此是我衣莫持去比丘言。我謂是糞掃衣即放地而去。比丘畏慎白仏。仏言汝以何心取。答言。以糞掃衣取。不以盗心。仏言布犯。不応取大聚衣。爾時衆多居士。於塚間焼死人。時糞掃衣比丘。見烟已喚余比丘。共往塚間取糞掃衣去。彼言可爾即共往至彼。黙然一処住。時居士見。即与比丘一貴価衣。第二比丘言。持来当共汝分彼言。共何誰分彼自与我。二人共諍。諸比丘白仏。仏言。応還問居士。此衣与誰。若居士言。随所与者是彼衣。彼若言不知。若言倶与。応分作二分。爾時有比丘。往塚間取糞掃衣。遥見有糞掃衣。一比丘即占言。此是我衣。第二比丘即走往取。二人共諍。各言是我衣。諸比丘白仏。仏言。糞掃衣無主属先取者。時有二比丘。倶往塚間取糞掃衣。遥見有衣便占言是我衣。二人倶走往取衣。共諍各言是我衣。比丘白仏。仏言。糞掃衣無主。倶随共取分作二分。(『四分律』巻第三十九〈『大正大蔵経』第二十二巻〉、八五十頁b～c)

第三章　糞掃衣の理念の歴史（二）

——日本的展開——

はじめに

第二章で、経典の記述をもとに糞掃衣の理念の歴史を考察した。先にも述べるように、福田会で糞掃衣が特別な袈裟として尊重される理由は、経典に説かれる袈裟であるという点と道元などの高僧が説いている点に求められる。

一宮福田会では、すでに述べたように、「提唱」という袈裟に関する講義があり、そこで、用いられるテキストには、経典をはじめ、道元『正法眼蔵』「袈裟功徳」「伝衣」、黙室『法服格正』（一八二一年）、慈雲『方服図儀』略本上（一七五一年）、『方服歌讃義』、面山『釈氏法衣訓』（一七六八年）、良寛の漢詩などがある。黙室『法服格正』、面山『釈氏法衣訓』などは、道元『正法眼蔵』「袈裟功徳」「伝衣」からの引用が多く、道元に影響を受けていることが明らかである。

福田会をつくった沢木興道は曹洞宗僧侶なので、福田会での糞掃衣製作においては道元の言説が重要であり、また、実際の作り方は、慈雲の活動でつくられた糞掃衣を参考にしている。したがって、福田会では、道元、慈雲の言説や活動は非常に重要な意味を持っているといえる。

そこで、本章では、道元や慈雲、沢木といった僧侶の言説を中心とした分析を行う。

第一節　道元以前の袈裟のあり方

日本に「袈裟」が発生したのは、『日本書紀』等の史料の記述や遺品などにより、仏教伝来当初からであろうと考えられる。(1) 当時の袈裟がいかなるものであったかについては、遺品においてその痕跡を見るのみである。

現在、「糞掃衣」と考えられる袈裟の最古の遺品といわれるのは、奈良時代のもので東京国立博物館に保管される法隆寺所蔵の「七条刺納袈裟（伝聖徳太子所用）」である。この袈裟については、実際に調査を行ったが、麻の裂が幾重にも重ねられ上から刺子が施されたもので、明らかに糞掃衣の裂の重なりを表現した袈裟であった。(2) 同じく奈良時代の法隆寺所蔵の遺品で、「七条刺納袈裟（伝釈尊所用）」についても調査を行った。これは、絹を幾重にも重ねて上から刺子を施したものである。これら二領の糞掃衣の遺品に共通して見られるのは、わざとすり切れた様子を表現して、いかにも拾ったボロ裂でつくったような感覚を醸し出させるようにしているという点である。

また、聖武天皇が所用したと伝えられる正倉院蔵「九条刺納樹皮色袈裟《くじょうしのうじゅひしょくのけさ》」一領、「七条刺納樹皮色袈裟」六領「七条織成樹皮色袈裟《しちじょうしょくせいじゅひしょくのけさ》」一領もある。これら遺品のうち「九条刺納樹皮色袈裟」と「七条織成樹皮色袈裟」は、正倉院展において実際に見ることができた。これらの糞掃衣は、『国家珍宝帳』において、名称も「樹皮色袈裟」と名づけられており、遠くから見ると、裂の重なりが樹皮のように見えるという糞掃衣である。確かに、遠くから見ると、その重なりは松などの樹皮を連想させる。「九条刺衲樹皮色袈裟」も先の法隆寺蔵の糞掃衣と同様、裂がさまざまな形に切られており、すり切れた感じになっている。こうした裂の上からやはり刺子が非常に細かく刺されている。刺子の施し方は、先の法隆寺の糞掃衣よりも細かく丁寧で、かなり腕のよい人物によってつくられていると思われる。「七条織成樹皮色袈裟」は、実際に裂を重ねてつくっているのではなく、裂の重なりを「織成」という綴織で表現しており、平織り組織に樹皮の文様を織り込んでつくった袈裟で、樹皮の意匠を織り表している。こういった「織成」という技術を用いて裂の重なりを表現していることなどからも、これら現存する奈良時代の糞掃衣は、すでに意匠化した状態であったと考えられる。六八〇年ごろから徐々に僧服についての規定が成立しはじめ、[3]後に「僧尼令」が定められるが、その規定などから考察しても、奈良時代からすでに違法な袈裟が出回っており、「如法衣」に属するものは少なかったと考えられる。また、当時、中国の袈裟の体系を見習っていたことや、その中国で糞掃衣を意匠として表現していたことなどから、奈良時代の日本でも意匠化して糞掃衣を表現していたのではないかと考えられる。それゆえ、糞掃衣は仏教伝来当初より意匠化されたものとなっていたのであろう。言い換えれば、理念は別にして、日本伝来の、実態としての「糞掃衣」は、インドの糞掃衣とは大きく異なったものになっていたのである。

平安朝に入ってもその状態は続き、「如法衣」は少なかったようである。[4]天台宗の始祖である最澄は、「律衣」という壊色の衣を身に着けていたといわれる。だが、その最澄の臨終の際の遺言に、「弘仁十三年、諸の弟子に告げて曰く、若し、我が滅後に、皆、俗服を着することなかれ[5]」とあることからも、当時の僧侶たちは袈裟を正しく身に着けてはいなかった、ということが明らかである。壊色の衣を、律にかなった衣である「律衣」という特殊な呼び方をしているところからも、そのことがすでにうかがえるのであるが、弟子たちは如法衣ではない衣、つまり俗服的な衣を身に着けていたのである。

糞掃衣の意匠を示す袈裟は、空海が所用したとされる東寺所蔵の「七条犍陀穀子袈裟《しちじょうけんだこくしのけさ》（乾陀穀子袈裟、健陀穀子袈裟）」、荊渓和尚から行満和尚に伝えられ、後に最澄が伝領したとされる延暦寺所蔵の「七条刺納袈裟」[6]がある。これらの糞掃衣の意匠は、後に山の意匠になっていく行程の途中にふさわしく、雲がたなびくような意匠へと変化している。この糞掃衣の意匠は、雲と山の混ざり合ったような意匠となっている。

奈良時代、平安時代における袈裟は、仏教伝来以降、早い時期からすでに如法衣が少なく、経典に記載されている袈裟と異なる違法な衣の形態が出回っていた。そして糞掃衣は、中国の影響の下、意匠として表現されていたのである。

第二節　道元の解釈

如法衣といえるような袈裟が廃れた状態は鎌倉時代まで続いていた。

道元の『正法眼蔵』に、「ただまさにこの日本国には、近来の僧尼、ひさしく袈裟を著せざりつることをかなしむべし、いま受持せんことをよろこぶべし[7]」とあるように、鎌倉時代には、伝統的な袈裟はほとんど廃れきっていた。道元自身も、宋へ渡るまで、正しい袈裟について再検討するという発想はなかったようである。それほどまでに袈裟は、中国での大乗化を受けて、日本においては形式だけのものであって、本来の意味合いは忘れられていたのである。そうした状況から考えるに、おそらく糞掃衣も、実際はほとんど忘れ去られていたに近かったのではないかと考えられる。実際、糞掃衣の遺品も他の時代に比べて少ない。現段階で遺存が判明している鎌倉時代の糞掃衣は、坊津歴史資料センター輝津館保管（一乗院）所蔵の「五条遠山袈裟」のみである。

道元は真実の仏法と師を求めて貞応二年（一二二三）の春、明全と共に宋へ渡り、安貞元年（一二二七）まで中国のさまざまな寺を訪ねて修行した。そこで道元は、理想の師である如浄に出会い、如浄から教えられたことをもとに、帰国してから『普勧坐禅儀』をはじめとする書を著した。寛喜三年（一二三一）「弁道話」を著したのを皮切りに、後にまとめられる『正法眼蔵』の巻を次々と著し、「袈裟功徳」「伝衣」の巻もその中に含まれている。

中国の禅宗寺院では、袈裟の扱いが日本とは異なっていた。インドとは気候が異なる中国で初期仏教のような三衣のみで実際に生活するのは難しいが、袈裟を尊ぶ儀礼作法等は行われていた。袈裟を頭にのせて偈を唱えるという袈裟を身に着ける際の作法や、伝法衣という習慣が行われ、袈裟は重要な位置を占めていたのである。道元は、それまでさほど袈裟を重視していなかったが、中国寺院を訪れて以来、袈裟という衣服を、単なる衣服ではない特別な力を持つもの、仏と同様の力を持つものとしてはっきりと認識したのである[8]。それゆえ道元は、『正法眼蔵』において、袈裟が単なる衣服ではないという点を強調し、仏そのものの力が備わった、仏法そのものであると繰り返し述べている。

袈裟が単なる衣服ではなく仏法に等しい力を持つものであると知った道元は、袈裟の重要性を説くということを決め、『正法眼蔵』「袈裟功徳」「伝衣」において袈裟の重要性と正しい袈裟のあり方というものを、経典の引用ならびに自分が中国で体験したことを交えて詳述した。[10]

道元が『正法眼蔵』「袈裟功徳」「伝衣」[9]において説いたことをまとめると、以下の通りである。

①袈裟は仏の教え、仏道、法そのものである。仏心、仏身である。
②袈裟には多大なる功徳（仏道修行の結果と同様の利益）がある。解脱、罪の消滅など。
③仏祖正伝の袈裟が正しい。正統な袈裟があるのは禅宗である。
④袈裟の形や大きさについて。三衣について。作法、扱い方について。
⑤袈裟の布について。絹、布であるかどうかではない。衣材の清浄さが大事。
⑥最も清浄な袈裟、糞掃衣について。清浄な心で布施された衣材も糞掃衣の衣材とする。

道元は、「おほよそしるべし、袈裟はこれ仏心なり、仏身なり」[11]と、袈裟を仏の心と身体に例えたが、これが道元が説いた袈裟の解釈において非常に重要である。禅僧の岸沢惟安が「このお袈裟が釈迦牟尼仏のお身だ。お袈裟が釈迦牟尼仏の一大蔵経だ、とそのように言い出されたのは、日本で高祖さまおひとりだ」[12]と述べるように、これは道元独自の解釈である。

沢木興道によると、「仏心」とは、『観無量寿経』に「仏心とは大慈悲心是なり」とある。この大慈悲心というのは、『華厳経』に「袈裟力によって悲心を生じ」、「大慈悲心を生じ」、「柔軟心を生じ」とあるので、一切のものにこだわらない柔軟な心のことである。そして「仏身」とは、『華厳経』に「仏身は法界に充満し」とあるので、法界、すなわち精神の世界、形の世界、眼の世界、耳の世界、一切の世界に充ち満ちたもののことである[13]。

道元は「袈裟はこれ仏心なり、仏身なり」と説く。袈裟とは仏そのものだというのである。この意味は、一切のものにこだわらず、一切の世界に満ちたものとなること、すなわち、仏教の究極目的である解脱を意味する。

道元はこうした考えに従って、袈裟をしばしば「仏衣」と表現している。当時の日本で、袈裟が単なる衣服として捉えられていたのに対して、道元は、特別な仏と同様の衣服、つまり「聖なるもの」として位置づけ直したわけである。

こうして、道元により、袈裟は単なる衣服ではなく、仏と同様の特別な衣、聖なるものという位置づけがされた。道元は、巻の名称でもある『正法眼蔵』の「袈裟の功徳」において、そうした仏同様の衣服は、功徳を発生する衣服、呪力の発生する衣服である、ということを盛んに述べている。これは、袈裟が単なる衣服を超えているものという説明を行ったものといえる。

『正法眼蔵』「袈裟功徳」「伝衣」での道元の主張の特徴は、袈裟の偉大さを、中国での事例や経典における袈裟の功徳譚をかなり用いて説いていることである。袈裟がいかに通常の衣服と異なるものかということを強調したかったのであろう。そこでは、袈裟の功徳について、以下のようなことが説かれている。

釈尊が僧の智光に告げて言われた。

袈裟には十のすぐれた功徳利益がある。

一つには、身体をおおって、恥の思いを遠ざけ離れさせ、よく懺悔の心を発し、仏道を修行させる。

二つには、寒さ暑さ、蚊や毒虫、悪獣や毒蛇などを遠ざけて、安穏に修行することができる。

三つには、出家者としての「相」を現し、それを見るものは歓喜して邪心を遠ざける。

四つには、袈裟は人間や天人を救う仏道の旗じるしである。この故にこれを尊び敬えば、梵天に生まれることができる。

五つには、袈裟を著ける時、それが仏道の旗じるしであることを思えば、衆生の罪を滅ぼしてもろもろの幸せを生ぜしめる。

六つには、本来、袈裟を作るに当っては壊色に染めるため、五感の欲望を離れて、貪りや愛欲を離れさせる。

七つには、袈裟は仏の清浄な衣である。長く煩悩を断って幸せの心とする。

八つには、身に袈裟を搭ける時は、罪ある行いは消え、十のよい行いの道が一念一念に広がって行く。

九つには、袈裟は恰度《ちょうど》良い田の稲が人の生命を救うようであるから。よく菩薩の道を養い育てるからである。

十には、袈裟は恰度甲冑のようなものである。煩悩の毒矢が身を傷つけることができないからである。

智光よ、このような理由によって三世の諸仏及び縁覚、声聞など、一切の清浄な出家たちが、身に袈裟を著ける時は、彼等のすべてが同じ解脱の宝座に坐り、知恵の剣を執り、煩悩の悪鬼を退治すると共に涅槃の世界に入ることができるのである[14]。

すなわち、袈裟という衣服を身に着けると、貪りの心が消え解脱にいたるという功徳があるのだ、と説かれているのである。また、道元は「経典よりも袈裟は優れている」と強調する。袈裟は釈尊が身に着けていたものであり、釈尊から伝えられた唯一の遺品であって、それゆえに、経典以上に大事なものである。しかも、釈尊から伝わった袈裟が唯一中国の達磨に伝わっており、禅宗に袈裟が伝えられているという[15]。要するに、それゆえに正しい袈裟の形式や作り方が禅宗のみに正しく伝えられているのであって、他の宗派には伝えられていない。自分の宗派こそが正当な教えを受け継いでいる宗派である、と主張しているのである[16]。

鎌倉時代は宗派が多数発生した時代である。そして、それぞれの宗派では、宗派の特色を念仏や踊り念仏等によって示そうとした。道元の場合は、おそらく袈裟をもって曹洞宗の特色にしようという考えがあったのではないかと思われる。

道元は、正しい袈裟の詳しい素材、形、色、製作、洗浄方法についても述べている。中でも布についての記述は非常に詳しく行われている。道元は布を、「浄」と「不浄」という観念で区別する。そして「その最第一清浄の衣財は、これ糞掃衣なり[17]」と述べて、とりわけ糞掃衣の衣材を「最も浄なるもの」とした。

その第一清浄の衣財は、これ糞掃衣なり。その功徳、あまねく大乗小乗の経律論のなかにあきらかなり。広学に咨問すべし。その余の衣財、またかねあきらむべし。仏仏祖祖、かならずあきらめ、正伝しましますところなり、余類のおよぶべきにあらず[18]。

道元は、糞掃衣は最上の袈裟であるということを強調し、かなり紙面を割いてその説明を行っている。糞掃衣が「清浄である」という記述は『根本説一切有部百一羯磨』巻二に、「一糞掃衣是清浄物[19]」とあるのをはじめとして多々経典上に見られる。しかし、それら経典上の糞掃衣の記述を集約して「最も第一清浄」と言ったのは道元独自の表現なのである。そして、この「最第一清浄の衣財は、これ糞掃衣なり」の一文は、後世の袈裟研究書において糞掃衣を語る際にはよく用いられてきた。また、道元は、この糞掃衣を出家修行者は学び極めるべきと言い、袈裟の衣材を詳しく知るようにしなければならない、とも述べている。糞掃衣は鎌倉時代には、遺品の少なさが示すように、ほとんど知られていなかった。このため、道元は、糞掃衣とはどのような袈裟なのかということについて、『中阿含経』や『四分律』などの経典を引用しながら、糞掃衣がいかにすばらしい袈裟であるのかを詳しく述べている。つまり、道元によって、袈裟は仏心であるが、最上の仏心は糞掃衣である、との位置づけがされたのである。

次に、道元の言説から、糞掃衣の布についての考え方を分析したい。

袈裟をつくるには麤布《そふ》を本とす。麤布なきがごときは、細布をもちゐる。麤細の布ともになきには、絹素をもちゐる。絹布ともになきがごときは、綾羅等をもちゐる。如来の聴許なり。絹布綾羅等の類すべてなきくににには、如来また皮袈裟を聴許しまします[20]。

ここには、袈裟にはどのような布を用いるのがよいのかが述べられている。麤布とは、「粗末な布[21]」のことである。袈裟にはまずそうした布を用いるべきである。だが、そうした布がなければ、細布という「繊維の細い上等の布[22]」を用いるようにという。もし麤布も細布もない場合は、絹を用いる。絹もない場合は、綾羅《りょうら》という「綾の薄い絹[23]」などを用いる。これらがすべてない国においては、皮の袈裟を用いることも釈尊は許しているという。

しかし、道元は、こう述べる一方で、絹や綾という素材そのものにこだわってはいけない。それを超えたものである、ということも述べているのである[24]。それは、糞掃衣が最上の袈裟であり、糞掃という概念を考えた場合、衣材が何であるかという点にこだわってはいけないからであるという。中国の南山律宗の南山道宣は、蚕から絹をつくる時、蚕を煮て殺すので殺生戒にあたるとして、絹衣を禁止するべきという説を唱えていたというが、道元はこれを批判している[25]。糞掃衣の糞掃は、布を超えたものであり、絹、金襴にこだわるべきではない、とする。

それではどんな布を用いてもいいのだろうか。どうもそうではないようである。道元が袈裟の衣材について一貫して述べているのは、その衣材が清浄であるかどうかということなのである。道元の基本姿勢は、布には、浄、不浄があり、どういう布が浄で、どのような布が不浄かを知ることが大切であり、袈裟に用いる布はそれにふさわしい衣材でなければならない、というところにあった。そしてその最も究極に浄なる衣材が「糞掃衣の衣財」であった。

道元は『四分律』巻第三十九に説かれている十種糞掃を引用しながら、糞掃衣の衣材について以下のように詳述している。

十種糞掃　一牛嚙衣、二鼠嚙衣、三火焼衣、四月水衣、五産婦衣、六神廟衣、七塚間衣、八求願衣、九王職衣、十往還衣。この十種、ひとのすつるところなり、人間のもちゐるところにあらず。これをひろふて、袈裟の浄財とせり。三世諸仏の讃歎しましますところ、もちゐきたりましますところなり。しかあればすなはち、この糞掃衣は、人天龍等のおもくし、擁護するところなり。これをひろふて袈裟をつくるべし、これ最第一の浄財なり、最第一の清浄なり。いま日本国、かくのごとくの糞掃衣なし。たとひもとめんとすともあふべからず、辺地小国かなしむべし。ただ檀那所施の浄財、これをもちゐるべし。人天の布施するところの浄財、これをもちゐるべし。あるひは浄命よりうるところのものをもて、市にして貿易《むやく》せらん、またこれ袈裟につくりつべし。かくのごときの糞掃、および浄命よりえたるところは、絹《けん》にあらず、布《ふ》にあらず、金銀・珠玉・綾羅・錦繡等にあらず、ただこれ糞掃衣なり。この糞掃は、弊衣のためにあらず、美服のためにあらず、ただこれ仏法のためなり(26)。

糞掃衣については、『四分律』第三十九などから引用し、経典に忠実に述べている。こうした「十種糞掃」に挙げられる裂を拾うことが「最第一の浄財、最第一の清浄」と述べている。

しかし、現実的な問題として、こうした裂を手に入れるのは難しい。そこで、道元は、インドからかなり離れた日本においては、このような衣材を拾うことはできないとして、檀那などの布施によっていただいたものを用いよ、と述べている。

しかし、こういった解釈は、伝統的な経律論においては見られない、新しい解釈である。というのは、六世紀後半に成立した中国の代表的な仏教論書である慧遠撰の『大乗義章』巻第十五には、以下の記述があるからである。

糞掃衣者。所謂火焼牛嚼鼠齧死人衣等。外国之人如此等衣棄之巷野。事同糞掃名糞掃衣。行者取之浣染縫治用以供身。問曰。何故唯受此衣人有三品。謂。下中上。下品之人治生估販種種邪命而得衣服。中品之人遠離前過。受僧中衣檀越施衣。上行之人不受僧衣檀越施衣受糞掃衣。何故不受僧中之衣。若受此衣僧法須同。断理僧事分処作使。断事儐人乱心発道。為是不受僧中之衣。何故不受檀越施衣。為衣追求多墮邪命。又若受彼檀越施衣則生親著離得出難。又若受彼檀越施衣。得処偏親於不得処便為疏礙。妨於等化。又若受彼檀越施衣。数得生慢不得嫌怨。言彼無智不識福田応施不施。或自鄙恥而生憂悩。又若受彼檀越施衣。数往廃道不去致恨。又復由受檀越施衣憎嫉好人。譏謗良善不欲使住。見是多過。是故不受檀越施衣。何故唯受糞掃之衣。省事増道。離過無罪。故唯受之。[27]

《糞掃衣とは、謂ゆる、火焼、牛嚙、鼠嚙、死人衣等なり。外国の人は此の如き等の衣は之を巷野に棄つ。事、糞掃に同ずれば糞掃衣と名く。行者之を取りて染を浣ひ、縫治して用以て身に供す。問うて曰く、何が故に唯此の衣を受くる。人に三品あり。謂はく、下中上なり。下品の人は、治生估販種種の邪命にして而も衣服を得、中品の人は、前の過を遠離して僧中衣、檀越施衣を受け、上行の人は、僧衣、檀越施衣を受けずして糞掃衣を受く。何が故に僧中の衣を受けざるや。若し此の衣を受くれば、僧法須く同ずべし。僧事を断理し、作使を分処し、事を断じ人を儐し、心を乱し道を発す。是が為に僧中の衣を受けず。何が故に檀越施衣を受けざるや。衣の為に追求して多く邪命に墮す。又若し彼の檀越施衣を受くれば、則ち親著を生じて出離を得難し。又若し彼の檀越施衣を受くれば、得処には偏に親く、不得処に於ては、便ち疏礙を為して等化を妨ぐ。又若し彼の檀越施衣を受くれば、数得れば慢を生じ、得ざれば嫌怨す。言はく、彼の無智にして福田を識らず。応に施すべきを施さずと。或は自ら鄙恥して憂悩を生ず。又若し彼の檀越施衣を受くれば、数往いて道を廃し、去らざれば恨を致す。又復檀越施衣を受くるに由って好人を憎嫉し、良善を譏謗して住せしむるを欲せず、是多過を見る。是故に檀越施衣を受けず。何が故に唯糞掃の衣のみを受くるや。事を省て道を増し、過を離れて罪無し。故に唯之のみを受く。[28]》

要するに、中国では「檀越施衣（檀那より布施してもらって受けた衣）」は、「受けるべきではない」ものとされ、糞掃衣とは明らかに区別されていたのである。この区別は、インド以来の考え方であり、他の経典にも見られるものである。つまり、糞掃衣は、〈布施とは異なる拾って得た裂でつくった袈裟〉という点に重要な意味を持っていたのである。こうしたことから、中国では、本当に拾った裂でつくったものでなければ糞掃衣という認識をしなかったと考えられる。

しかしながら、中国でも、経典に従った糞掃衣をつくって着ることは困難だと考えられていた。『大乗義章』巻第十一で、糞掃衣についての衣材や意味について述べられる。だが、それはあくまでも「外国の法」であるという注記のような言い方がなされている。[29]『大乗義章』以外にも、中国で書かれた文献上には、糞掃衣について「糞掃衣者。所謂火焼牛嚼鼠齧死人衣等。外国之人如此等衣棄之巷野[30]」、すなわち外国つまりインドでは「火焼牛嚼鼠齧死人衣」などの裂が捨てられている、といったような記述がよく見られる。これは糞掃衣以外の袈裟に関しての記述では見られない言い方である。ということは、インドではこのような袈裟があった、ということを述べているにすぎないように思われる。これは、中国では、糞掃衣という袈裟が非常に現実離れしている袈裟であって、最上の袈裟であっても実際にその種の裂を集めて袈裟をつくって着ることなどできないと認識されていたことを物語っている。その結果、中国で「糞掃衣」は、独特の「意匠」を持った袈裟を意味するようになってしまっていたのである。『法華経伝記』『釈門自鏡録』等には、糞掃衣を着た僧侶をわざわざ書き記している。その点から考えても、糞掃衣は中国で非常に特殊な袈裟になっていたと思われる。

糞掃衣はインドの経典にあるような裂を用いるべきであって、信者の布施による布では糞掃衣の裂にはならないという考え方であった。それは拾った裂、つまり「経典通りの裂」にしか功徳は発生しないという考え方である。インドや中国では、布施された裂でつくったものを糞掃衣としては認めていないということである。

ところが、道元は、こうしたインド以来の糞掃衣が糞掃衣と認められる重要な基準を取り払ってしまったのである。完全出家主義のインドと環境が異なる日本において、『四分律』巻第三十九に説かれる十種糞掃のような衣材が落ちているということはあり得ないとして、在家との接触、布施的援助が必要不可欠である日本での環境に応じた糞掃衣を考え、経律論の十種糞掃に加える形での幅の広い衣材の求め方を示したのである。その際に「糞掃衣は、十種糞掃のような衣材だけではなく、布施されたものをはじめ、浄命より得たところのものであれば、それはすべて糞掃衣となる」という考え方をしている。浄命とは、清浄な生活や清浄な心を指すが[31]、そうした檀那からの布施も含めた「浄命なるところから得たものはすべて糞掃衣となる」という解釈は、現代に至るまで日本での糞掃衣において、根本的な位置を占めている。しかしながら、見逃してはならないのは、その結果、具体的な衣服によって、貪りの心を制御するという釈尊の教えは、放棄されたことである。

また、道元は、糞掃衣の衣材を檀家からの「浄財」、すなわち檀家の布施の清浄なる「心」に置き換えることによって、日本の糞掃衣の新たな形態を考えた。いわば道元は、糞掃衣の衣服の力を発揮する衣材面に「浄なる心」「信心」を組み込むということを考えたのである。これは、「心の力」が仏の力に匹敵するほどの力を発揮するものであるという道元の理解である。

道元は、布は、見解を超えたもの、こだわりを超えたもの、と表現し、一見、欲がないという前提に立って衣材を考えているように見えるが、実はそうした理由だけではない。道元は、布に「心」があるかどうかという区別を無意識のうちにも持っていた。「心」があるものを糞掃衣の衣材としていたのである。そして、ここで重要なことを指摘すれば、この糞掃衣の衣材の性格を「清浄なる心」に置き換えることで、福田会が現在つくっているような糞掃衣をつくることが可能となる道が準備されたということである。

第三節　慈雲の袈裟研究と千衣裁製

鎌倉時代以降の仏教は、教義よりも形式中心になり、それぞれの宗派の祖師の教えなども徐々に廃れていく傾向にあった。室町時代に入ると、『鹿苑日録』長享元年（一四八七）十二月二十三日に、相国寺内に悪僧が多かったという話が見えるように、ますます僧侶の生活は堕落していった。それに応じるかのように袈裟も華美化していったのである。大きな変化として、金襴袈裟の流行ということが挙げられる。鎌倉時代に伝法衣として中国から日本へ流入した金襴袈裟は、徐々に一般僧侶にも身に着けられるようになって氾濫していったのである。それゆえ糞掃衣や壊色の袈裟といった如法衣を身に着ける僧侶はかなり減ったとみえ、この時代の糞掃衣の現存遺品も、仁和寺に所蔵されている

「七条糞掃衣（遠山糞掃衣）」（室町時代）の一領しか現段階では発見されていない。

金襴袈裟の流行の理由の一つとして、江戸時代の檀家制度による仏教体制の変化が挙げられる。圭《たま》室文雄《むろふみお》の研究（『葬式と檀家』）によれば、およそ寛永十五年（一六三八）を境に全国で寺請証文が作成され、日本人全員が提出し、庄屋（名主）のところで台帳として一村ごとにまとめられたのが「宗旨人別改帳」（戸籍）である。宗門改役の設置（一六四〇）に始まる江戸時代の檀家制度は、仏教の体制を大きく変えることになった。圭室によれば、僧侶が庶民の葬祭を担当するようになるのは、早めにみても一五五〇年代以降のことで、また、日本人全員が必ずどこかの寺に結びつき、葬祭を寺院僧侶に依頼する寺と檀家の関係が形成されるのは、やや時代が下がり一六五〇～一七〇〇年ごろではないかという[32]。こうした檀家制度の成立で、仏教に信仰のあるなしにかかわらず、民衆は寺に所属することになった。檀家制度の成立により、僧侶の堕落はますますひどくなっていった。それについては熊沢蕃山が『宇佐問答』『集義外書』で非難するところである。特に庶民の葬祭を仏教儀礼で行い、その際に僧侶は金襴袈裟を纏うようになった。つまり、袈裟は装束化していったのである。金襴袈裟は、僧侶堕落の代名詞として語られ、一般民衆からも非難されていた。しかし、金襴袈裟を僧侶に布施したのも、檀家たちであったと考えられる。

そうした中、江戸時代には原始仏教の姿に戻そうという戒律復古の動きが盛んになった。その動きの中で『正法眼蔵』の研究が盛んになされるようになり、それらを研究する人々は眼蔵家といわれた。そうした眼蔵家の僧侶や、金襴袈裟に反対する僧侶を中心として、多くの袈裟研究書が著された。それは、仏教寺院に民衆が所属した、一七〇〇年代のものが多い。中でも、慈雲、面山といった僧侶は、袈裟製作において民衆との関わりを持っている。慈雲の著した『方服図儀』（一七五一年）、明和五年（一七六八）に面山が講述し、それを弟子の慈方が収録した『釈氏法衣訓』（一七六八年）等が、袈裟について言及している。彼らは道元『正法眼蔵』「袈裟功徳」「伝衣」、養存『仏祖袈裟考』（一七〇三年）、鳳潭『仏門衣服正儀編』（一七二六年）、光国『僧服正検』（一七三〇年）、諦忍『律苑行事問弁』（一七五三年）、なども参考に研究しているようだ。その後、袈裟研究の集大成ともいえる研究書、黙室の『法服格正』（一八二一年）も生まれた。これが現在の福田会に影響を与えている書である。

それらの袈裟研究書において、糞掃衣はどのように捉えられていたであろうか。

鳳潭『仏門衣服正儀編』には、以下のようにある。

仏、糞掃大衣を授く。此の衣、是れ大いに聖なる大衣なり。[33]

当時、糞掃衣が「聖なる衣」として位置づけられていたことがうかがえる。盛んな袈裟研究において、糞掃衣が再び「最上の袈裟」として重んじられるようになったのである。そして「最も聖性を帯びる衣」としての位置づけがなされていた。

糞掃衣は、実際どのような布を用い、どのように製作されていたであろうか。

高貴寺の慈雲（一七一八～一八〇四）は、真言宗の僧侶であるが、袈裟を大変重要視し、自ら袈裟研究を行い、『方服図儀』をはじめとする袈裟研究書をいくつも著した。現代の福田会においても影響が大きいのが、この慈雲である。慈雲は禅宗で法を受けた後、真言宗へ入ったという経緯がある。そのため根本的な考え方は禅宗に基づくところが多く、袈裟を重要視し、如法衣をつくったのも、そういったところからであろうと考えられる。

慈雲は、正しい袈裟を広めるため、「千衣裁製」という糞掃衣を含めた千領の如法の袈裟をつくって配るという一大事業を成し遂げた。それは明和三年（一七六六）丙戌正月から文化二年（一八〇五）の約四十年間を経てつくられた。これほどの枚数の袈裟を縫うのは、かなり大変なことであるので、逆に考えると、慈雲という僧侶がいかに民衆から信仰厚い僧侶であったのかがうかがえる。

千衣裁製の際、どういう人々が袈裟を縫っていたのかについて触れたい。

これについては、『千衣裁製簿』第一～五巻が遺されている。第一巻のはじめには、「法衣発願裁製之簿第壹」として、なぜ千衣裁製を行うのかについて述べられている。その中には、袈裟の功徳について例を挙げて説明されているところもある。

そしてその後、第一衣から順に袈裟の色、大きさ、縫い方、材質、縫った人の名前、その袈裟を受持している人の名前が書いてある。

第一衣　（梵字）

木蘭色安陀衣。帖葉。五条一長一短。馬歯縫。財体紵布。中量長六尺八寸余。広四尺二寸半余

助鍼慧日式叉尼

同　義文求寂尼

明和三年丙戌正月十六日奉施高井田寺現前僧伽　和尚位飲光受持(34)

大半は、木蘭色の七条袈裟（鬱多羅僧）が多い。ここで注目すべきは、糞掃衣である。

第二十九衣　（梵字）

雑碎糞掃衣。三五肘　義文沙弥尼具財体。義方裁縫　帖葉順有部之製

飲光受持[35]

第八十三衣　（梵字）

糞掃僧伽梨　財体川北与次兵衛施　法与尼裁綴[36]

糞掃衣は、他にも散見されるが、「義文沙弥尼具財体」「財体川北与次兵衛施」とあるように衣財を布施した人の名前が見える。当時、糞掃衣は拾った裂を用いるのではなく、布施された衣財を用いて製作していたということがうかがえる。

第四百五十衣　（梵字）

糞掃衣。七条　転輪寺信冏長老以三井寺□□院其阿闍梨遺衣裁為此衣

寛政元年酉九月[37]

「転輪寺信冏長老」が「三井寺□□院其阿闍梨」が遺した衣を用いてこの糞掃衣をつくったという。こうした古い衣をつぶして糞掃衣をつくっていたのである。こうした点から考えて、おそらく、この時代の糞掃衣は、今の糞掃衣とほぼ同様に、檀家などから布施された古い着物などの衣財を用いていたのではないだろうか。

第七百三十九衣　（梵字）

紵布。木蘭。七条。少量。割截。馬歯。少量　畳峰律師御護持　財体槌屋喜兵衛殿娘おかの女誕生に付之を供養す

寛政十年戊午正月十九日成　真学尼裁[38]

子供の誕生に際し、無病長寿を祈願して布施する人もいた。これ以外にも、祈願目的で袈裟の衣材

を布施したという記述が散見される。

当時の糞掃衣はどういう意匠であったかについて、以下の記述が注目される。

第三百三十三衣

遠山うつし。九条。糞掃衣　転輪寺内尼衆裁製　天明六年春[39]

「遠山うつし」とあるのは、現代「遠山の袈裟」とよんでいる意匠である。日本で現存する遠山袈裟の遺品は、鎌倉時代から見られるが、慈雲の千衣裁製の糞掃衣も遠山袈裟の意匠でつくられていた。默室『法服図儀』における七条袈裟の解説においても遠山袈裟の意匠が描かれているので、江戸時代の糞掃衣は、現代と同様に遠山袈裟の意匠が定着していたものと考えられる。

「千衣裁製簿」の最後には、裁製した人の名前が記されている。しかしながら、全員記されてはおらず、名前を記載しない人もいるようである。これらの名前の大半は尼が多いが、郡山城の女官や商売屋の妻、一般の女も含まれている。一〜三衣程度を縫っているのが大半であるが、中には、一人で五十七衣も縫った人もいる。

こうした慈雲の千衣は、完成の後、高貴寺はもちろんのこと、長栄寺をはじめとする寺院や、僧侶に広く配られた。僧侶だけでなく、一般人の、縫った本人が所持している場合もある。高貴寺の千衣の一部については実際に調査をする機会を得た[40]。「千衣裁製簿」の編者が「裁製の厳密精細なる。見る者をして一見恭敬尊重の年を生ぜしむ。裁製の尼衆助針の人々信心牢固なるに非ずんば何ぞ能く此の如くなることを得んや。余が如き破戒無慙。今此の千衣裁製簿を読み且つ諸寺所蔵の袈裟を拝見して実に慙愧の念に堪へず[41]」と述べたように、実に非常に細かい刺し目で驚くばかりであった。これほど細かく通常刺すのは神業に近いことで、針もかなり細いものでないと無理である。

ここで、いくつか重要な点を指摘しておこう。道元の鎌倉時代においては、袈裟は僧侶のものであった。ところが、江戸時代においては、慈雲の活動に見えるように、袈裟づくりに、民衆も関わるようになっていたのである。特に糞掃衣は、多くの人々とつくるという形式ができた。現代の福田会にも大きい要素となっている「袈裟信仰」と後におよび表される如法衣の信仰的側面は、一七〇〇年代後半に成立したと思われる。むろん、鎌倉時代には道元が袈裟の功徳について説き、室町時代ごろから摺《す》り袈裟《げさ》というお守りやそれにまつわる説話が成立しているはいるものの、論者には、袈裟が信仰対象として民衆と関わりだしたのは、一七〇〇年代後半からではないかと思われる。現代の福田会において、基本資料としているのは江戸時代の研究書である。それゆえ、現代の福田会の活動は、江戸時代の慈雲の袈裟製作に習っているといえるのではないかと考えられる。それゆえ糞掃衣製作の基本は、一七〇〇年代後半に成立したといえる。すなわち、道元によって日本的ともいえる形に変質させられた糞掃衣は、この時代になって再発掘され、民衆と深く結びつくことによって新たな形で発展・継承されていくことになったのである。

第四節　沢木興道の解釈

江戸時代以降は、糞掃衣を細々と個人的につくっている僧侶はあったが、集団でつくっていたという記録は、今のところ見当たらない。

明治に入り、曹洞宗に沢木興道（一八八〇〜一九六五）が現れ、日本の袈裟は、再び一大転機を迎えることとなった。曹洞宗の沢木興道は、生涯独身で質素な生活を送った高僧とされている。自分で「袈裟宗じゃ」と言うほど、袈裟の重要性を人々に説いた僧侶である。沢木にはたくさんの弟子がいた。その弟子たちによってそうした袈裟の活動が受け継がれ、それは現代の福田会まで引き継がれているわけである。それゆえに、現代日本の袈裟信仰といえるような動きは、この沢木興道を出発点として成立したといってよい。

沢木興道が真剣に袈裟を学びはじめたのは、明治四十一、二年ごろ、吉祥庵の二人の尼が慈雲の著した『方服歌讃儀』の講義を求めてきたのがきっかけである[42]。当時は、袈裟についての研究があることを知らなかったため、慈雲の『方服図儀』を見たり、高貴寺の慈雲の千衣の実物を見て勉強したという[43]。沢木興道が一番最初につくった糞掃衣は、長栄寺の糞掃衣を借りて、北村里子というお婆さんがそれを見てつくったものであるという[44]。長栄寺の糞掃衣は、慈雲の千衣のうちの一領である。沢木興道は、如法衣を勉強するにも高貴寺の千衣を見て学んでおり、慈雲の千衣に大きな影響を受けていることがうかがえる。それゆえ、福田会で袈裟を縫いはじめたのも、慈雲の千衣裁製にならったのではないかと考えられる。昭和六年に黙室『法服格正』の提唱を行ってから、後、福田会が発生することとなる。

沢木興道は、さまざまな所で提唱を行ったほか、駒沢大学教授として講義も行い、著書や論文もいくつかある[45]。その著書、論文等から、彼の考え方を考察する。

面山和尚二十五才の時の老梅庵に於ける偈に、

「一擔伽利裁縫全従元非布亦非綿、青黄赤白有回互尺短寸長垂正徧糞掃堆輝先仏徳、針縫上見万翁伝威儀開展未来際、永為人天大福田」といふのがある。かく見るならば袈裟を縫ふといふ事が既に一大事の成就でなければならぬ。一針一針が実に宗乗であり一針一針が永遠性をもち、一針一針が法の全露である。

即ち一針一針が行きつくべき処まで行きついた事である。「針々密々、頭角忽生、家風別々、異類中行」である。

更に、衣財を割截することは即ち、著を割截するを意味する。執を割截することである。情執を壊せなければ、いづれの布でも皆不清浄となり、愛著を割截すれば絹布も清浄となるのである。すると割、それが宗乗であり一大事成就である。(46)

ここに、「袈裟を縫う」ということと「袈裟の衣材」についての沢木の考え方が見える。「縫う」行為については、面山の偈を引用し、一針一針が法の全露であるとしている。縫う行為は、行き着くべきところまで行き着いたということであるという。それは、すなわち悟りの状態を指す。「衣材」については、心構えによって布は不清浄となるという。衣材も、縫うという行為も、すべては心次第であると説いている。沢木は道元の袈裟論を継承して、「心」で衣材の浄、不浄を峻別しようとしており、これは現代の福田会での基本的な考え方ともなっている。このことは、次の文章からも見て取れる。

道元禅師は袈裟功徳の巻に「仏と人と身量はるかにことなり、人身ははかりつへし、仏身はつひにはかるべからず、このゆゑに、迦葉仏の袈裟、いま釈迦牟尼仏着しましますに、長きにあらず、ひろきにあらず、いま釈迦牟尼仏の袈裟弥勒如来著しましますに、みじかきにあらず、せはきにあらず、仏身の長短にあらざる道理、あきらかに観見すべきなり」と述べられてゐる。即ち丈六の釈迦牟尼仏の袈裟が千尺の弥勒に伝へて短からず、せまからざるは何故か。袈裟即法であり、身につければ福田衣であるからである。即ち身心共に是れ糞掃衣にしてはじめて仏法が現前するのである。(47)

ここでは、道元の「袈裟功徳」を引用して、その人自体が糞掃衣となって初めて仏法が現れると言っている。糞掃衣というのは、衣服なのではない、心構えにあるというのである。こうした考え方が、現代の福田会における糞掃衣製作において非常に重要視されているのである。

以上、道元、慈雲、沢木の言説について考察してきた。

糞掃衣は、経典によれば、インドにおいては「不浄」とされて捨てられた裂からつくられる衣であった。中国では、環境の違いや経典に規定された十種衣材が入手しにくいことから、糞掃衣は「意匠」によって示される袈裟に変質した。古代にはこの種の糞掃衣が移入されたが、道元は、糞掃衣の再評価を試み、それを最も清浄にして最上の袈裟として位置づけた。

しかし、道元は、糞掃衣の衣材は、経典通りにしたくても日本では手に入らないとの理由から、経典にはない、新しい裂のあり方を考えた。それが、信者から布施された裂ではなく捨てた裂でつくるというきまりを破って、経典では禁止されていた布施された裂であっても、清浄な心のもとに布施されたものならば糞掃衣の裂となる、という考えであった。慈雲、沢木もその道元の考え方を踏襲している。それが今日の福田会の考え方の基本となっているのである。

ここで留意しておかねばならないのは、こうした糞掃衣の歴史に照らした時、福田会における糞掃衣の特徴が浮かび上がってくることである。福田会では、法衣店で購入できるような袈裟とは異なり、自分たちのつくっている袈裟は、経典通りにつくった袈裟であると考えている。しかしながら、福田会でつくられる糞掃衣は、経典通りでもなければ、道元の言説とも異なっている。むしろ、彼らが行っているのは、江戸時代に糞掃衣製作を復興した慈雲が実践した、糞掃衣製作の継承であるかに見えるのである。

次章では、経典通りと主張しながらも、それとは大きく逸脱している糞掃衣の「特別性」もしくは「聖性」は、どこから来ているのかを、詳しく検討する。

註

（1）袈裟に関する初期の記述としては、『日本書紀』巻二十が挙げられる。

三月丁巳朔。物部弓削守屋大連与中臣勝海大夫奏曰。何故不肯用臣言。自考天皇及於陛下。疫疾流行。国民可絶。豈非専由蘇我臣之興業仏法歟。詔曰。灼然。宜断仏法。丙戌。物部弓削守屋大連自詣於寺。踞坐胡床。斫倒其塔縦火燔之。幷焼仏像与仏殿。既而取所焼余仏像令棄難波掘江。是日無雲風雨。大連被雨衣。訶責馬子宿禰与従行法侶。令生毀辱之心。乃遣佐伯造御室。更名於閭礙也。喚馬子宿禰所供善信等尼。由是馬子宿禰不敢違命。惻愴啼泣。喚出尼等付於御室。有司便奪尼等三衣。禁錮楚撻石海榴市亭。（『国史大系』第一巻下日本書紀　後編、吉川弘文館、一九六七年二月、一一四～一一五頁）。

これは、国内に疫病がはやり、廃仏論者が勝利を得て仏教断絶の詔が出て、三人の尼は泣きながら三衣を奪われ、海榴市亭に禁錮され鞭打たれたという内容であるが、当時すでに袈裟という衣が存在したことが、このように文献上からもうかがえる（井筒雅風『法衣史』、雄山閣、一九七四年十月、六四頁）。

(2) 一九九五年八月二十日に行われた大手前大学教授切畑健先生の調査に同行させていただいた。

(3) 天武天皇八年（六八〇）十月には、

勅制僧尼等威儀。及法服之色。幷馬従者往来巷閭之状。（『国史大系』第一巻下　日本書紀　後編、吉川弘文館、一九六七年二月、三五一頁）

と『日本書紀』に記述が見られるように、僧尼等の威儀法服の色などについての制定がなされた（辻善之助『日本仏教史　第一巻』、岩波書店、一九四四年十一月、一〇三頁）。おそらくこの制定が、日本で僧服について正式に定めたものの中では最初のものではないかと思われる。

(4) 泉浩洋「布教と三衣について」（『叡山学院研究紀要』第十四号、一九九一年十一月、五九頁）。

(5) 弓削公子「僧服に関する研究(その三)平安時代の法衣について」（『大阪女子短期大学紀要』三号、一九七八年三月、一八頁）。

(6) 「七条刺衲袈裟」は、縦に一続きの粗い焦げ茶の麻裂を下地として、その上に、縹、白、白茶、茶、淡紫の麻裂をのせ、刺子を施している糞掃衣である。細かい紫の麻裂が散らされており、紫色を何らかの意図をもって効果的に用いたのではないかと思われる。紫色という色は、染料の原料となる紫草が少ないため古代より珍重されており、高貴な色として用いられることが多いことから考えても、やはり何らかの意味をもってアクセント色として用いているのではなかろうかと考えられる。

(7) 衛藤即応『正法眼蔵　上巻』、岩波書店、一九三九年六月、一二一二頁。

(8) その時のことを道元は、『正法眼蔵』「伝衣」で、

予在宋のそのかみ、長連牀に功夫せしとき、斉肩の隣単をみるに、毎暁の開静のとき、袈裟をささげて頂上に安置し、合掌恭敬して一偈を黙誦す。ときに予未曾見のおもひをなし、歓喜みにあまり、感涙ひそかにおちて衣襟をうるほす。その旨趣は、そのかみ阿合経を披閲せしとき、頂戴袈裟の文をみるといへども、その儀則、いまだあきらめず、不分暁なり。いまはまのあたりみる、歓喜随喜し、ひそかにおもはく、あはれむべし、郷土にありしには、をしふる師匠なし、かたる善友にあはず、いくばくか、いたづらにすぐる光陰を

をしまざる、かなしまざらめやは。いまこれを見聞す、宿善よろこぶべし。もしいたづらに本国の諸寺に交肩せば、いかでかまさしく仏衣を著せる僧宝と隣肩なることをえん、悲喜ひとかたにあらず、感涙千万行。（衛藤註(7)前掲書、二一三～二一四頁）

と述べ、その感激を表している。

(9)「ときにひそかに発願す、いかにしてか、われ不肖なりといふとも、仏法の嫡嗣となり、正法を正伝して、郷土の衆生をあはれむに、仏祖正伝の衣法を見聞せしめん。」（衛藤註(7)前掲書、一九二頁）

(10)また、道元は、当時の鎌倉時代、多くの宗派が出てくる中で、禅宗が仏教の正統であるということを示す意味で、袈裟を効果的に利用したという面がある。それゆえ、『正法眼蔵』で、法の証とされる伝法衣が達磨に伝わって、日本にもそれが伝えられたという話を強調して述べている。鎌倉時代は、戦乱の世で不安の強い時代であったこともあり、仏教宗派が多く発生した。鎌倉時代の仏教は民衆との関わりの中で発展してきた。各宗派では、それぞれの宗派の特色をうち立て、民衆教化につとめた。宗派の違いは教えや作法によって示されるものの、衣服というものも非常に重要な位置を占め、衣服で宗派の特色を示すということが行われた。親鸞は、聖俗一致の立場から黒衣を宗派の衣とし、一遍は、遊行生活の考え方から阿弥衣を宗派の衣とした。鎌倉時代において僧侶の衣は、宗派の考え方を示し、特色を示すものでもあったのである。中でも、道元は、糞掃衣に特に注目し、宗派の特徴の一つとして確立しようとしたと考えられる。

(11)衛藤註(7)前掲書、二〇六頁。

(12)岸沢惟安『正法眼蔵全講』第四巻、大法輪閣、一九七二年十一月、四二七頁。

(13)沢木興道『沢木興道全集　第六巻　正法眼蔵講話①（袈裟功徳・伝衣）』大法輪閣、一九六四年六月、九四頁。

(14)これは、『大乗本生心地観経』巻第五からの引用であると思われる。原文は、衛藤註(7)前掲書、一八七～一八八頁。この現代語訳は、中村宗一『全訳　正法眼蔵　巻四』（誠信書房、一九七二年十一月）四二頁による。現代語訳中、漢字の誤りと思われる部分については論者が訂正している。

(15)「仏仏祖祖正伝の衣法、まさしく震旦国に正伝することは、嵩岳の高祖のみなり。高祖は釈迦牟尼仏より第二十八代の祖なり、西天二十八伝、嫡嫡あひつたはれり。二十八祖したしく震旦にいりて初祖たり。（中略）三千界いづれのところか袈裟なからん。しかありといへども、嫡嫡面授して、仏袈裟を正伝せるは、ただひとり嵩岳の曩祖のみなり。旁出は仏袈裟をさづけられず。」(『正法眼蔵』「袈裟功徳」、衛藤註(7)前掲書、一六七～一六八頁)

(16)「大千界の内外に、ただ仏祖の門下のみに仏衣つたはれること、人天ともに見聞普知せり。仏衣の様子をあきらむることも、ただ祖門のみなり、余門にはしらず。」(『正法眼蔵』「伝衣」、衛藤註(7)前掲書、一八九頁)

(17) 衛藤註(7)前掲書、一八九頁。

(18) 同、一八九頁。

(19)『大正大蔵経』第二十四巻、四六三頁a。

(20) 衛藤註(7)前掲書、一八三頁。

(21) 中村元『原始仏教の成立　原始仏教二(中村元選集第十二巻)』、春秋社、一九六九年十一月、七六頁。

(22) 同、七六頁。

(23) 同、七六頁。

(24)「その衣財、また絹布よろしきにしたがふてもちゐる。かならずしも布は清浄なり、絹は不浄なるにあらず。布をきらふて絹をとる所見なし、わらふべし。諸仏の常法、かならず糞掃衣を上品とす。糞掃に十種あり、四種あり、(中略)そのなかに絹類あり、布類あり。絹布の見をなげすてて糞掃を参学すべきなり。」(『正法眼蔵』「袈裟功徳」、衛藤註(7)前掲書、一七五頁)

(25) 道元は、道宣を批判し、次のように述べる。

小乗教師、また化糸の説あり。よるところなかるべし。大乗人わらふべし。いづれか化糸にあらざらん。なんぢ化をきくみみを信ずとも、化をみる目をうたがふ。しるべし、糞掃をひろふなかに、絹に相似なる布あらん、布に相似なる絹あらん、土俗万差にして造化はかりがたし。肉眼のよくしるところにあらず。かくのごときのものをえたらん、絹布と論ずべからず、糞掃と称すべし。(『正法眼蔵』「袈裟功徳」、衛藤註(7)前掲書、一七五頁)

(26) 衛藤註(7)前掲書、一九〇～一九一頁。

(27)『大正大蔵経』第四十四巻、七六四頁b。
(28)『国訳一切経和漢撰述部』諸宗部十二、三二四頁。
(29)糞掃衣者。外国法。死人之衣火焼鼠齧如是等衣棄之巷野。事同糞掃名糞掃衣。問曰。何故飲食須乞。衣受糞掃。釈言。飲食乞求得易無妨修道。故行乞食。衣乞難得懼妨修道。是以不乞。又外国法糞掃之衣求覓易得無妨修道。故受糞掃。食不如是。(『大正大蔵経』第四十四巻、六八一頁b)
《糞掃衣とは、外国の法に死人の衣、火焼き、鼠齧みし、是の如き等の衣は、之を巷野に棄つ。事、糞掃に同じければ、糞掃衣と名く。問うて曰はく、何が故に飲食は乞ふを須ひ、衣は糞掃を受くるや。釈して言はく、飲食は乞求して得易く、修道を妨ぐること無きが故に、乞食を行じ、衣は乞ひて得難ければ、修道を妨げんことを懼る。是を以て乞はず。又外国の法に、糞掃の衣は求覓するに得易く、修道を妨ぐること無きが故に、糞掃を受くも、食は是の如くならず。》(『国訳一切経和漢撰述部』諸宗部十二、二二一〜二二三頁)
(30)「大毘盧遮那経供養次第法疏」巻上(『大正大蔵経』第三十九巻、七九一頁c)など。
(31)『禅学大辞典』(大修館書店、一九七八年六月)五八七頁では「浄命」を「清浄な生活」とし、川口高風『法服格正の研究』(第一書房、一九七六年二月)七六頁には、「浄命」を「清浄の心を、生命となすこと」としている。
(32)圭室文雄『葬式と檀家』、吉川弘文館、一九九九年七月、二頁。
(33)『大日本仏教全書』第五十巻、六八頁b。
(34)「千衣裁製簿」第一巻(『慈雲尊者全集』第十六、思文閣出版、一九七四年七月)三二頁。
(35)同、四一頁。
(36)同、五一頁。
(37)同、一二七頁。
(38)同、一八九頁。
(39)同、一〇四頁。
(40)二〇〇二年十月十一日、高貴寺。
(41)註(34)前掲書、二四〇頁。

(42) 沢木興道『禅に生きる』、誠信書房、一九五八年七月、一二三頁。
(43) 同、一二三〜一二四頁。
(44) 同、一二六頁。
(45) 沢木自身の筆ではなく、弟子などが聞いた言葉を速記によって記したものである。
(46) 沢木興道「衣法一如」(『駒沢大学学報』六―二、一九三三年三月)二二一〜二二三頁。
(47) 同、二二四頁。

第四章　糞掃衣の聖性はどこからくるのか

はじめに

前章では、福田会の糞掃衣が特別な袈裟とされる理由を探るため、糞掃衣をめぐる理念と、断片的ではあったが、それに従ったとされる糞掃衣の製作・装着の歴史的展開について考察した。それにより、糞掃衣は、経典つまりインドでは、欲をおこさないために捨てられた、「不浄」ゆえに危険な力をも含んだ呪力をもつ裂を用いてつくるとされていた、ということが明らかとなった。しかし、同時に、現代の糞掃衣は、経典に説かれた十種類の衣材でつくられるわけでもなければ、日本における「不浄」観に即した衣材でつくられているわけでもない、ということも明らかになってきた。

日本では、道元の糞掃衣復興以来のことだと思われるが、糞掃衣は、「不浄」とはみなされない、単に古いというだけの着物を集めてつくられている。

福田会の糞掃衣は、色こそ「壊色」に近いものを求めるが、見た目からすれば、美しく見える。またその衣材を多くの人々の布施や僧侶の呼びかけで集め、多くの人々の奉仕でつくる。

そこで問題となってくるのが、それでは、経典に従えばそれこそ違法になるかもしれない「糞掃衣」が、なぜ「糞掃衣」とみなされるのか、ということである。

ここで指摘したい最も重要なことは、福田会の人々は、自分たちの製作している糞掃衣は、経典で説かれる糞掃衣と同様のものである、と考えていることである。「提唱」などを通じて、彼らのつくる糞掃衣は、釈尊が身に着けていた糞掃衣、インドにおいて呪力を持っていた糞掃衣である、ということを教えられているのである。これを信じれば、たとえ経典に違反していても、そうしたことには関心を注がずに、福田会製作の糞掃衣は、呪力を持ったもの、つまり信仰的な対象物＝「聖なる衣」、ということになるわけである。

たしかに、福田会の人々は、経典通りの作り方で、糞掃衣をつくっていると信じている。だから、その彼らがつくる糞掃衣は「聖なる衣」である。彼らの信仰的な言説ではそういうことになるのだろう。

しかしながら、論者の視点からは、彼らがつくる糞掃衣は、経典通りの糞掃衣ではないと考えられるのである。いや、むしろもし本当に経典通りのインド式の糞掃衣をインドでつくってもらって日本に持ってきたとして、彼らがそれを「聖なる衣」とみなすかどうかは大いに疑問である。なぜならば、彼らがそこに見いだすのは、彼らが考える糞掃衣とは異なる衣だと考えられるからである。彼らの頭の中にある糞掃衣は、インドから中国を経て日本に移入され、さらに日本において構築し直された糞掃衣なのである。

それでは、経典を参照しながらも、日本において道元やその志の継承者たちによって新たにつくり上げられてきた「糞掃衣」の特徴はどこにあるのだろうか。言い換えれば、その特別性あるいは聖性は何に由来しているのだろうか。

福田会の糞掃衣は、さまざまな「特別さ」を物語る言説や行為によってつくり出されたものである。そのような「特別さ」を物語る諸要素が複合することによって、「最上の袈裟」とみなされるようになるのである。ここでは、「特徴」といった事柄を、あえて「特別性」とか「特別さ」と表現したいと思う。というのは、それが「聖性」に置き換えるような性格を帯びているからである。

論者は、これまでの考察から、福田会の糞掃衣が特別性を帯びる理由として、以下の十点の主要な要素が複合しているからではないかと考える。

①経典において説かれている
②道元や慈雲、沢木興道、久馬慧忠という僧侶が説いている
③釈迦の着ていた衣服と同一の複製品をつくる
④意匠が違う
⑤法衣店で購入できない
⑥古い着物の裂を集める
⑦縫うという行為
⑧大勢の人々が力を合わせて一つのものをつくり上げる
⑨着るという行為
⑩大事にしまっておく

福田会の糞掃衣の特別性は、これらの要素が複合的に交差している中に発生していると思われるの

で、それぞれの要素を考察する必要がある。福田会の人々は、経典や高僧の言説のいかなる部分を取捨選択しているのかという点や、福田会で実際に聞かれる言説を手がかりとして、糞掃衣の特別性の発生について考察する。

これらの諸要素は、おおまかな分類であるが、大きく三つに分けられる。一つは糞掃衣をつくるという行為を支える経典などの言説のレベルで見られる「特別性」、もう一つは形や色、意匠などの表象のレベルで見られる「特別性」、そして縫うといった実践のレベルでの「特別性」である。

第一節　言説から見た糞掃衣の「特別性」

福田会では、法衣店の、経典に定められるのと正反対の違法な袈裟に反論している。それゆえ、経典通りの如法衣をつくるという前提に立ち、糞掃衣をつくっている。ところが、これまでの考察で明らかになったように、彼らのつくる糞掃衣は経典通りとはいい難いのである。では、彼らが曹洞宗だから道元の言う糞掃衣に従っているのかといえば、そうでもないようである。にもかかわらず、自分たちのつくっているのは、まぎれもなく経典に説かれるのと同様、道元の説くのと同様の「糞掃衣」であるということになっているのである。

糞掃衣の特別性を生み出す最大の要素は、「裂《きれ》」である。裂が、他の袈裟との差異を生み出している。経典に説かれる十種類の糞掃衣の衣材、これがやはり重要である。ここに定められる通りの衣材を手に入れ、糞掃衣をつくるのが、経典で説かれる「糞掃衣」である。ここに特別性の発生があるのであり、その裂の特異性ゆえに、出家修行者の身に着けるべき袈裟であった。布施されてもらい受けた裂でつくった袈裟は、糞掃衣とはいわないのである。

ところが、福田会の人々は、糞掃衣の裂は、布施された古い着物や帯などを集めている。古い着物は、人の執着を離れたもの、として解釈し、貪りがおこらない裂であるので糞掃衣の衣材としてもいいと考えている。道元が裂の解釈をかなり変えたということは、第二章で述べた。道元の「清浄な布施による衣財で糞掃衣をつくる」という解釈を福田会の人々は受け入れている。それを示す例として、一宮福田会で把針指導にあたっている岡本光文氏の著した『糞掃衣を作る』という小冊子（福田会の人に配るプリント）に以下のようにある。

衣材

いま糞掃衣《ふんぞうえ》を実際に作成するに当たって一番大事なことは、やはり衣財《えざい》（お袈裟の材料）の選び方です。むかし釈尊が五条、七条、九条以上の大衣《だいえ》を仏道修行の衣服として制定された時には、墓場や往来に風に吹かれ陽にさらされた古布《こふ》の、良い箇所を手で裂き、これを七度浣洗《かんせん》（洗うこと）し、さらに壊色《えじき》（濃い地味な色）に染め、それを寄せ集めて一衣を現成《げんじょう》されたと言います。

現代の日本では墓地や往還《おうかん》などに布切れが落ちているようなことはありませんが、家に帰ればたんすや押入《おしいれ》の中に何代も前からの着物や羽織《はおり》などが故人を偲《しの》ぶ縁《よすが》として保管され、あるいは忘られてはいないでしょうか。こうした衣類の中でいらなくなり、惜しみのかからなくなった物は世の中で言はば無用となっており、糞掃衣の財体（材料）とするのは仏制にも合致することでありましょう。

現代の日本で糞掃衣をひとつの会中《えちゅう》で搭《つ》けられるのは大事な法要儀式の導師などに限られており、年も相応にとられております。したがってお袈裟の格調が高く、質もやわらかくて軽いものが望まれることでしょう。そのあたりを考えますと釈尊在世のインドと今のこの日本とでは、おのずから異なることも出てまいると思われます。

道元禅師の『正法眼蔵袈裟功徳』巻中のお言葉に「たゞ檀那《だんな》所施の浄財、これをもちゐるべし。あるひは浄命《じょうみょう》よりうるところのものをもて、市にして貿易《むえき》せらん、またこれ袈裟につくりつべし。かくのごときの糞掃、および浄命《じょうみょう》よりえたるところは、絹にあらず、布にあらず。金銀珠玉、綾羅錦繡《りょうらきんしゅう》等にあらず、たゞこれ糞掃衣なり。この糞掃は、弊衣《へいえ》のためにあらず、美服のためにあらず、たゞこれ仏法のためなり。これを用《よう》著《じゃく》する、すなはち三世の諸仏の皮肉骨髄を正伝せるなり、正法眼蔵を正伝せるなり。この功徳、さらに人天に問著《もんじゃく》すべからず、仏祖に参学すべし。」と仰せになっておられます。これはまことに三衣を通じて私ども袈裟に参学する者の心得ねばならぬことです。みずからを飾るためのものではなく仏祖より賜《たまわ》ったお袈裟としての糞掃衣でありますので、その衣財となるべき材質を見極めてゆきたいものだと存じます(1)。

ここで岡本氏は、道元の「たゞ檀那所施の浄財、これをもちゐるべし。人天の布施するところの浄財、これをもちゐるべし。あるひは浄命よりうるところのものをもて、市にして貿易せらん、またこれ袈裟につくりつべし。かくのごときの糞掃、および浄命よりえたるところは、絹にあらず、布にあらず。金銀珠玉、綾羅錦繡等にあらず、たゞこれ糞掃衣なり」の一文を引用している。

この道元の言説は、福田会の糞掃衣製作の基礎を築いている。これを疑問に思うことなく福田会の人々は受け入れているのである。そしてまた岡本氏は、「現代の日本では墓地や往還《おうかん》などに布切れが落ちているようなことはありませんが、家に帰ればたんすや押入《おしいれ》の中に何代も前からの着物や羽織《はおり》などが故人を偲《しの》ぶ縁《よすが》として保管され、あるいは忘れられてはいないでしょうか。こうした衣類の中でいらなくなり、惜しみのかからなくなった物は世の中で言はば無用となっており、糞掃衣の財体（材料）とするのは仏制にも合致することでありましょう」と述べる。糞掃衣の裂は、経典に定められる通りでないということを明らかに認識している。認識しているにもかかわらず、道元の言説を受け入れる形で解釈し、古い着物を糞掃衣の裂とするのは、仏制に合致するとしている。かつて、インドで定義されるところの糞掃衣の裂は、墓地や道ばたで拾ったが、道元が言うように、日本では落ちていないので古着物を用いましょう、というのである。

しかし、日本では、本当に落ちていないかというとそうでもない。実際、日本にいるホームレスの中にはゴミ箱等から衣服を拾って着ている人もいるという。それゆえに全く落ちていないことはなく、集めようとすれば集まらないこともなさそうである。しかし、福田会の人々は、古い着物を集めて糞掃衣にすることで納得している。なぜ経典と違うということを疑問に思わないのであろうか。また、探せば手に入るのではないかと考えないのはなぜであろうか。福田会の意図するところの考え方からすれば、経典と異なる形態に対して反論すべきなのであるが、糞掃衣の裂については受け入れてしまっている。「裂にこだわらない」という道元の言説を、経典とは異なっていると認識しながらも取り入れているのである。そのように道元の言説を受け入れることによって、糞掃衣の裂は、古い着物であっても、経典同様の裂として考えられている。インドの糞掃衣との連続性と断絶性の双方を受け入れているのだともいえる。

しかし、見逃すことができないのは、道元の説く裂の解釈とも異なる面があるということである。道元は、『正法眼蔵』「袈裟功徳」で、糞掃衣として衣材を求める場合は、金襴などの素材であっても、それにこだわらないほうがよいということも述べている。

糞掃の絹布にあらず、金銀珠玉にあらざる道理を信受するとき、糞掃現成するなり。絹布の見解いまだ脱落せざれば、糞掃也未夢見在なり。[2]

（中略）

かくのごときの糞掃、および浄命よりえたるところは、絹にあらず、布にあらず、金銀・珠玉・綾羅・錦繍等にあらず、ただこれ糞掃衣なり。この糞掃は、弊衣のためにあらず、美服のためにあらず、ただこれ仏法のためなり。これを用著する、すなはち三世諸仏の皮肉骨髄を正伝せるなり、正法眼蔵を正伝せるなり。[3]

糞掃衣というものは、受け入れる際、絹や金銀などにこだわってはならないというようなことも、道元は示しているのである。この一文は、中国南山律の祖、南山道宣が、絹は蚕を殺生してつくるゆえに絹を袈裟に用いるべきではないという説を唱えていたことに反論しているものであるが、要するに、絹や金銀などといった裂自体にこだわりを持つということは、糞掃衣の本義からすれば外れているというのである。糞掃衣は、本来、拾って得るものであるので、その衣材自体に対して執着心をおこすべきではないというのである。つまり、道元の解釈からすると、たとえ金襴であっても、清浄な心が伴えば糞掃衣になる。ところが、福田会の人々は、金襴を選ばない。福田会の人々は、金襴の裂を用いてつくったものを決して糞掃衣とはいわない。こうしたことから考えるに、福田会の人々にとって、糞掃衣の裂は古い着物であるというところに絶対的な価値を見いだしている。清浄な心が伴っていたとしても、裂は、金襴であってはならないのである。彼らは、古い着物こそが貪りの心をおこさないものであり、功徳の発生する糞掃衣の裂にふさわしいと考えて選んでいるのである。

また、糞掃衣は、裂だけではなく、製作面においても、経典と異なっている点が見られる。糞掃衣をはじめとする袈裟は、経典において、着用者である僧侶自身が縫うということになっている。袈裟の製作には、日限があり、それに間に合わない場合や、病気などで製作が難しいような場合、「助針《じょしん》」といって、縫うのを手伝ってもらう場合もある。福田会では、この助針の解釈を広げ、糞掃衣をみんなで縫うのは助針としている。先にも述べるように、「ご縁をむすぶという意味がある」という新たな解釈も加わっている。福田会の場合、僧侶自身が縫うのに参加することもあるが、着用者の僧侶自身は縫わずに、檀家の人々が縫った糞掃衣を差し上げる形態が多い。

そして完成した糞掃衣は、特別な場でしか着ない。普段は箱に入れるなどしてしまっておくのである。経典の記述によれば、糞掃衣は、修行中の僧侶が日常的に身に着けるべき衣であった。人の嫌がるような裂を用いるのは、修行者の修行衣としてふさわしい衣だったからである。そうした衣を身に着け、修行生活を送ることで、功徳が発生すると考えられていた。経典における糞掃衣は、出家修行者のための衣で、身に着ける僧侶に功徳があるとされていた。ところが、福田会では、つくる側にも功徳があるとされている。本来出家修行者の衣だった糞掃衣は、福田会では、着けることよりも、つくる点に重きが置かれるようになった背景には、道元の「糞掃衣は最も清浄な袈裟である」「袈裟は仏心、仏身である」という言説を福田会で受け入れているということがある。この二つは、道元が『袈裟功徳』において強調していることである。そのため福田会でも、この二つを提唱で強調している。福田会の人々は「糞掃衣は最も清浄な袈裟である」、「袈裟は仏心、仏身である」という道元の言説を受け入れることによって、糞掃衣を仏と同じ聖性のあるものとして考える。このために、福田会の人々は、糞掃衣を、特別な衣で、功徳のある、聖性のある袈裟として認識し、製作に携わるのである。

福田会の糞掃衣が特別性を持つことには、経典や、道元などの言説が大きく影響している。しかし彼らには、受け入れた面と受け入れていない面がある。全く同一に受け入れていないにもかかわらず聖性のある衣とされているのである。

第二節　表象から見た糞掃衣の「特別性」

福田会で糞掃衣がつくられるのは、それがかつて釈迦が着ていた衣服と同一のものであるからである。釈迦が糞掃衣を身に纏っていたという経典の記述を、福田会の人々は、重視している。釈尊も身に着けていた衣と同一なので、聖性のある衣と認められると考えるである。

宗教者の着ていた衣には、力があると信じられ、触れたり、見たりすると何らかの奇蹟が起こると考えられている。例えば、キリスト教の場合、イエス・キリストが十字架にかけられた死の際に着けていたとされる着衣がある。[4] この聖衣は、一八四四年八月十八日から十月六日にかけて、プロイセン・ライン州トリーア市の大聖堂で展示が行われ、五十万人近くの巡礼者が訪れたという。[5] この聖衣に触れると病気が治る奇蹟が起こると信じられ、その事例についての話が遺されている。[6] この聖衣がキリストの衣であるかどうかの真偽はともかく、この衣の場合は、実際に身に着けていたとされる衣である。キリストが着ていた衣ということで、病気を治す力を持つ、特別性のある衣とみなされているのである。

しかし、現代の糞掃衣は、当然のことながら、実際に釈尊が着用していたものではない。釈尊が身に着けていたものの「複製品」をつくっているにすぎない。福田会での糞掃衣製作は、釈尊の着ていた糞掃衣の複製品をつくる行為である。

では、複製品である糞掃衣にも、キリストのオリジナルな衣のような力があると考えられているのであろうか。福田会でつくられる糞掃衣も、功徳のある衣と考えられているのである。糞掃衣が出来上がると、皆一堂に集まり、見るだけではなく、手に触れる光景がよく見られる。手に触れながら、人々は「功徳をいただいた」とか「功徳を分けてもらった」という言い方をする。完成した糞掃衣に触れると、功徳を分けてもらえるという認識がされている。

しかし、糞掃衣の場合の功徳は、キリストの聖衣のような病気が治る力というようなものとは異なる。それについて、久馬慧忠氏は以下のように述べる。

> 袈裟の功徳というものは、ふつう世間で考える功徳とはまったくちがっております。むしろ袈裟功徳を一口にいうとすれば、それはわたしたちの精神的、物質的欲望すなわちわたしたちのおも

わくをみたしてくれないという功徳――無所得の功徳といったものでありましょう。そういう無所得の功徳とはいったいどんな功徳であるのでしょう。

じつはこの無所得ということこそ仏法の本質であると同時にただしい袈裟における本質でもあります。この名利をみたすことのない袈裟功徳であるところにこそ、広大無辺にして無量不可思議なはたらきもあるのであり、また仏法として、袈裟としての真の価値がみいだされるものなのです。

洞山大師僧に問う
「なにものか、最も苦なる」
僧いはく
「地獄最も苦」
大師いわく
「しからず、衣線下に大事をあきらめざる　はじめてこれ苦」

沢木興道老師はこれを「袈裟宗の本則である」といわれますが、たしかにこの則は、袈裟をかけるものの根本精神をあらわしています。というのは元来わたしたちにとって、袈裟をかけることはそれ自身が悟りなのであり、成仏であり、一大安心であるのです。だからけっしてそれ以外に袈裟功徳をはるか遠方にもとめるべきものではありません。それなのに袈裟を身にまといながら、なお外にむかって何かをもとめ、迷っているとすればこれが仏弟子として最も苦しみとせねばならぬことであります。すなわち袈裟をかける――搭袈裟することが袈裟功徳の全分でもあるわけです。[7]

（中略）

袈裟を身にまとうことは、そのまま「仏身」「仏心」を身にまとうことであり、偉大なる仏法にすっぽりとおおわれつくされていることなのです。

名利の世界からのがれようともがいても、どうしてものがれることのできないこのからだが、人間ではとうてい考えおよばない偉大な仏法につつまれること——それ自体まことにめでたいことであって、これ以上のしあわせはありません。

これが袈裟功徳というものなのです。

もしわたしたちが袈裟を身にまといつつ、まだ何かものたりぬおもいで、他にもとめるこころがあるとすれば、それは「世俗人としてのわたし」がモガイテいるだけのことでしかありません。「仏祖の法」としては、袈裟をかけて坐禅するということで完結しています。袈裟をかけるということはまさしくこのような仏祖の眼（仏の知見）に転換することなのです。それゆえ、自分が搭袈裟するときには、自分自身が仏法におおわれるばかりでなく、あらゆるものが仏法一色に塗りつぶされ、永遠に袈裟をかけたことにもなります。[8]

久馬氏は、「袈裟功徳」について、世間的にいわれる「功徳」とは意味が異なるということを強調している。袈裟功徳は、悟りに至る、解脱できる、仏法に包まれるという効果がある、という意味での功徳である。病気が治るといった意味での功徳とは異なるのである。仏教を信仰する者にとって解脱は、最大の目的である。つまり、この「袈裟功徳」は、仏教的な功徳の中でも、究極の功徳ということになる。「袈裟功徳」は、身に着ける僧侶のみならず、触れただけ、関わっただけでも得られる功徳だとされている。それゆえ袈裟を縫うという行為によって、袈裟に関わる僧侶以外の人々も功徳を得られるということになる。福田会の人々は、袈裟功徳があることについて提唱で聞いて知っている。「袈裟功徳」という要素は、一般の人が袈裟を縫う会に参加する大きな目的になっていると考えられる。

糞掃衣の特別性は、功徳のある衣という点にある。如法衣の中でも、糞掃衣は、功徳が高いと認識されている。釈尊の身に着けていた糞掃衣と同じように、ボロを継ぎ合わせた糞掃衣の複製品をつくることで同様の功徳が得られると考えられている。それゆえ糞掃衣の製作活動が行われる。福田会の糞掃衣の特別性は、釈尊の衣の複製品というところから発生しているのである。

しかしこの複製品は、先にも述べるように、経典通りにつくられてはいない。経典と同一の複製品でないにもかかわらず、功徳がある特別性のあるものと考えられるのはなぜか。

糞掃衣が他の如法衣と異なる理由に、意匠が異なるという点がある。現代の福田会において、糞掃衣を意匠で分類すると、「山」「雲」「四角」となる。糞掃衣には山形文様の裂をのせて刺子した糞掃衣が多く見られる。山形の裂を縫うのは糞掃衣であるということの証でもあり、これが他の如法衣と異なる点である。この山形の裂をつける理由について、久馬氏は、以下のように述べる。

普通、糞掃衣を縫うときは刺し子を施して四重にしております。ところが実用的な面から考えても、四重とは、かなり分厚い袈裟となり、つけにくくなるものです。そこでできるだけつけ易く薄いものにするために、山形の布片を、各条の段隔ごとに数枚散らし、その上から刺し子にして押さえ、丈夫にする訳ですが、これはあくまで、山形の布片は一重の役割を果たすものであって、決して飾り模様として考えられたものではありません。[9]

久馬氏は、山裂はデザインではない、という。山を置くのは、四重にして縫う場合に分厚くなり縫いにくいので、山を置くだけである、デザインとして見てはいけない、とする。福田会の糞掃衣は、「古衣四重」の考え方から、山裂を置くというのである。「古衣四重」とは、古い裂を得た場合は、四重にして縫うというきまりで、経典に記述が見られる。しかし、山形の裂にするという記述は経典には見られないのである。経典の記述にない山形裂を置く糞掃衣の意匠が定着しているという点に、相違点がある。

山形裂の意匠の発生は中国に見られる。この意匠と考えられる画像が敦煌莫高窟の彫刻、壁画にも描かれている。「第一四六窟」[10]「地蔵菩薩立像幡」[11]「第四四九窟」[12]、そして敦煌に近接する安西楡林窟でも「第十二窟」[13]に見られる。

壁画の年代からすると唐時代ごろから、山形の意匠が存在していたと考えられる。この意匠を中国では、「山水納」という名称でよんでいるようである。宋の元照撰の『四分律行事鈔資持記』巻下ノ一で糞掃衣について述べられた後に、以下のような記述が見られる。

今時禅宗多作納衫而非法服。裁剪絵綵刺綴花紋号山水納。[14]

すなわち、「最近の禅宗では、法服ではないものをつくっている。刺繡や綴織で花紋様をあしらったものを山水納とよんでいる」という。「衲」とは、縫い合わせたものという意味である。それゆえ袈裟は別名「衲衣《のうえ》」ともいう。山水の裂を縫い合わせたものが山水衲である。この文献は、十一〜十二世紀に書かれているので、この時代には、「山水衲」という名称の意匠が存在しているといえる。この意匠が日本へ持ち込まれたようで、日本の袈裟の遺品では、鎌倉時代のものから山形の意匠が見られる。例えば一乗院所蔵の五条遠山袈裟がそれである[15]。室町時代の遺品には、仁和寺所蔵の七条糞掃衣（遠山糞掃衣）がある[16]。日本に現存する袈裟の遺品から、鎌倉時代から山の意匠が存在したことがうかがえる。江戸時代の黙室『法服格正』の「七条袈裟の図」にも遠山糞掃衣の図が見られる。慈雲尊者の千衣裁製の中の糞掃衣にも、遠山の意匠が見られる。それゆえ、江戸時代には定着していたと考えられる。

しかし、山形の意匠は、経典には記述がないのである。それでも福田会では、山形の裂を置いて糞掃衣をつくる。では、山形の意匠をすべて糞掃衣というのか、というと、そうでもないようである。山の意匠が同じ袈裟であっても、糞掃衣と考えられない袈裟もあるのである。それは、法衣店の「遠山の袈裟」といわれるものである。山の意匠を織りによって表現してつくったものである。これは、現在天台・真言宗で着用している「衲衣」という袈裟である。衲衣は灌頂などの重要な儀礼で着用する。特別な儀礼に用いるため、最上の金糸銀糸などを用いて織られており、非常に高価な袈裟である。

しかし、この衲衣は、あくまでも意匠を遠山にしているということであって、糞掃衣ではないと考えられている。意匠を同一にするということだけでは、糞掃衣としては認められないのである。遠山であれば織りの袈裟でも糞掃衣というのではない。衲衣などの織りで遠山を表現したものは糞掃衣とはいわない。糞掃衣として認めることができるには、実際に裂が重なっているかどうか、裂の重なりによる意匠ができているかが大事である。それが聖性の発生する糞掃衣なのである。

糞掃衣は、釈尊の身に着けていた糞掃衣の複製品であるとされていながらも、やがて経典に定められていない遠山の意匠というものができ、それが現在の糞掃衣の典型的な意匠として定着している。しかしながら、意匠が同じであっても、糞掃衣として認められるものと認められないものがあり、その違いは、裂を重ねているかどうかによっている。

第三節　行為から見た糞掃衣の「特別性」

糞掃衣は、法衣店で売っていない。法衣店で出しているカタログにも糞掃衣は一切ない。それが通常販売される袈裟と異なる点であり、また他の如法衣とも異なる点である。絡子や七条袈裟などの如法衣は、法衣店で特注でつくらせることは可能であるが、糞掃衣は購入できない。江戸時代に創業した井筒法衣店の袈裟製作に関する資料にも、糞掃衣を製作したという記録は見られない[17]。

糞掃衣は、裂や縫う行為に金銭が関わらないのが特徴である。曹洞宗僧侶、橋本恵光は、以下のように述べる[18]。

世の中では、市場価値というものが、さまざまある。絹、麻、木綿、化繊といろいろ陳列してあると、どれがよいか、悪いかと決定線に到達するのに苦心惨憺する。ところが、仏教の方では簡単である。なにもかも、仏様のお徳の現われ、仏様のおん心の現われだから、好き、きらい、いい、わるいの言いようがない。だから、仏様の功徳を具えているという点からは、市場価値はゼロになる。それが糞掃ということになる。だから価値無しだ。そういうとつまらぬもののように思えるが、実は絶対価値という事なのだ[19]。「仏様の功徳を具えているという点からは、市場価値はゼロになる。それが糞掃」であるという。そしてこれが「絶対価値」であるという。糞掃衣は市場価値と離れたところに価値を置く。市場価値がない糞掃こそが絶対価値のあるものだという。そうすると福田会の糞掃衣が聖性を持つのは、金銭ではなく、裂を集めたり縫ったりという〈行為〉の中に発生していると考えられる。

そこで、行為からみた糞掃衣の特別性の発生について考えるために、福田会の人々が、糞掃衣の裂と縫う行為についてどのような考え方を持っているのかについて、以下で分析する。まず、福田会の糞掃衣製作の際、布施される裂について詳しく分析する。

表1は、糞掃衣の裂として布施された裂の種類とそれにまつわる話をまとめたものである。

表1　糞掃衣製作のために布施される裂

布施した人	裂の種類	裂にまつわる話
Aさん　女性 千葉県	自分の着物の残布	家族が世話になったお礼で布施。
Aさん　女性 千葉県	帯をほどいた裂 自分の羽織の裂	帯は亡くなった姑のもの。羽織は洗い張りした。
Sさん　男性	古袈裟と古白衣	自分の師匠の生前使っていた古袈裟と古白衣。師匠没後も自分が着ていた。最近特に傷みが激しくなり、しかし師匠の暖皮肉の思いがあり、捨てがたく思っていた。福田の一隅となれば、最上の着きどころとなり、自分も救われる思い

山形県		がする。不要の部分は製作者に処分してもらってもよい、それが最良の供養となる。
Eさん 女性 千葉県	大島の端切れ 首に巻いていた裂	自分の好きな大島の端切れ。そして自分が赤い洋服を着た時に首に巻いていた裂。糞掃衣のために布施できるとは、これほど喜ばしいことはない。いつまでもこの裂をおそばにおいて欲しい。
Oさん 女性 群馬県	絹裂	親戚のおばさんが和裁の先生をしていてその人からもらった布。何種類か送る。
Sさん 男性 千葉県	着物	急逝した妻の遺品。妻が一年前に亡くなった。
Yさん 夫婦 千葉県	絹裂	あれこれ探したがあまりなかったので、何枚かだけ。
Tさん 夫婦 秋田県	絹裂	妻が知り合いに頼み、集めた絹裂。裂をくれた十名の人の名前を手紙に書いている。
Tさん 女性 千葉県	絹の小裂	自分は手持ちがなかったので、実家から小裂を持ち帰った。両親も送るとのこと。兄嫁もそのような結構なことに協力できるのなら、わずかだが一緒に送ってくださいとのこと。気持ちが届けばと思う。
Nさん 女性 東京都	絹裂	ふくさをつくろうと思い、縫いかけであった裂。ミシンで縫っていたのをほどいたが跡が残ってしまっている。端切れが糞掃衣という尊いものに生まれかわるということを知り、感激した。袈裟はびっくりするような高価なものもあると聞いているが、糞掃衣を最高とし、寺宝とされる御心を知り合掌した。こういう御心の御方にして世直しができるのではないかと思う。
Tさん 女性 千葉県	絹の端裂	家の中の端裂を集めた。
Tさん 夫婦 東京都	着物	亡くなった母の思い出が一番深い着物。入学、卒業の時母が着ていたもの。着物を見るたび母を思い出す。姉も母の供養になると喜んでいる。

Kさん　女性	小布とピンクの着物	
Tさん　女性　千葉県	小布	
Nさん　女性　東京都	着物と羽織	
Sさん　夫婦　岩手県	十センチ四方の三一七枚の正絹	知人、友人にお願いし、集まった正絹を十センチ四方に切ったところ、三一七枚になった。主人と自分で、「糞掃衣、私たちの手でつくってあげられるくらいの枚数集まるといいね」と語った。十枚ずつ袋に入れた。同系色のものをなるべく集めた。お手伝いをさせていただき功徳を積ませていただき幸福に思う。
Nさん　女性　長野県	草木染の小袋帯の一部　藤の花の文様	自分が一番好きな草木染の小袋帯の一部。図柄も末代まで咲き誇るめでたい花とされる藤の花。寺の御永代に向けて喜んでいただけるのではないかと思った。
Oさん　女性　埼玉県	絹裂	御袈裟の中に入れていただけることを幸せだと思う。
Yさん　女性　静岡県	絹裂	友人にもお願いし、集めた裂。手紙に二名の名前が書いてある。とても心こもった衣だと思う。加えていただく幸せを喜んでいる。
Kさん　男性　新潟県	絹裂	心ある人々に話したところ、多くの人から理解をいただいて、集めた裂。七名の名前が手紙に書いてある。「皆様の心からの思いを身にまとい御精進ください。」
Tさん　男性　山形県	絹裂	糞掃衣の意味を知り合いの僧侶に聞いた。この布切れが衣の端っこにでも縫い合わせてもらえれば幸いと思う。
Fさん　女性　千葉県	絹裂	自分も周囲の人も持っている人が少なく、ようやく一枚見つかった。完成された糞掃衣を見せてほしい。
Oさん　夫婦　千葉県	古い正絹	正絹だが、古いもの。少々しみもある。「使えるところがあったらどうぞお願いします。」

Sさん 千葉県 夫婦	古い正絹	古いもので恐縮だが、大変立派な袈裟をつくられると聞きめでたいと思う。
Hさん 長野県 夫婦	絹裂	祖母に糞掃衣のことを話したところ、風呂敷包み一杯あったはず、と言うので取りにいったが、包みがどこかにいってしまい見つけられなかった。それゆえ我が家の裂。
Aさん 東京都 男性	着物や端切れ	糞掃衣の話を家族や女房の実家にもしたところ、それならぜひとのことで何枚か集まった。中には女房が嫁入りの際につくってもらった着物や、長年御愛顧いただいたお客様の形見や、思い出深い端切れ等大切にしまっておいた物が多く、それがこの機会に糞掃衣という貴重な袈裟の一部として役立てていただけるなら、端切れとしてはこれに勝る表舞台はないと思い、送らせていただくことにした。あるものをそのまま詰めたので、おつくりいただく方が適当にお選びくだされればと思う。
Tさん 東京都 男性	着物	着物を着る機会が多いので自分の着物。
Oさん 北海道 男性	古い裂	新しい布ではない。
Tさん 東京都 男性	正絹	正絹となるとなかなかない。少しずつ声をかけているが、とりあえず三枚だけ。
Aさん 大阪市 女性	着物の残り切れ	自分と母の着物の残り切れ。きっとすばらしい糞掃衣が出来上がることと思い楽しみにしている。
Sさん 東京都 男性	絹裂	私たちのような者も参加させていただけてとても感謝している。
Kさん 静岡県 女性	古い着物などのぼろ裂	自分の家にあった古い着物の布など、ボロ裂をいろいろ集めた。
Oさん 女性		

愛知県	織物裂	商売が織屋なので、自分のところの織物裂。
Aさん　女性　愛知県	着物	ガンになったことがわかり、自分の着物の裂とか、古い着物を集めた。
Kさん　女性　愛知県	ねんねこ	自分の子供のねんねこ。
Eさん　女性　愛知県	着物	タンス一杯に入った着物。タンスごと。
Aさん　女性　山梨県	古い着物	かつて自分が着ていたが、もう着られなくなったもの。しかし、もったいないので、捨てられないでいた。糞掃衣にしてほしい。

（福田会聞き取り調査データと『おかげさまのありがとうの愛の糞掃衣』から作成）

全体的に見ると、布施される裂は、以下のような種類に分かれる。

①着物
②羽織
③帯
④端切れ（家庭にあるものや洋裁学校のものなど）
⑤古い袈裟
⑥ねんねこ

このうち、一番多いのは、着物である。

布施される裂にまつわる話を分類すると、以下のようになる。

①自分の着ていた着物で着られなくなったが捨てられない着物

②自分の好きな着物や帯
③自分の身内で亡くなった人の遺品
④仲の良い人や師匠から譲り受けたもの
⑤子供が小さい時に使っていたが今は使わなくなったもの

以上のように、愛着があって捨てられない着物であるとか、亡くなった身内や知り合いの遺品であるとか、子供が小さい時に使っていたもの、とか、そうした裂が多いことがわかる。糞掃衣は、「世俗の執着を離れた裂」を集めるということが本義で、経典に十種糞掃という衣材が挙げられていた。ところが、非常に興味深いことに、現代日本の糞掃衣の裂は、執着を離れるというよりも、むしろその逆で、思い入れや執着のある裂をあえて布施しているのである。集める側の僧侶はそれを求めるわけではないが、布施する側が、そうした裂を布施する傾向にある。なぜ、こうした裂を布施するのか。これを考えるために、伊藤氏の糞掃衣の布を施した人々から送られた手紙を見てみよう。

（前略）伊藤様のこのたびの糞掃衣の件、当然信者様から自然にでたお話だと思い、少しでもお役に立てればと心ある人々に話しかけましたところ、多くの方々から御理解をいただきありがたく思っております。どうか皆様の心からの思いを身にまとい御精進下さいませ。(20)（後略）

（Kさん・男性・新潟県）

この文面のあとに、裂を一緒に布施してくれた人々の名前が連ねて記されている。それによって、それらの人々の施してくれた裂は、「皆様の心からの思い」そのものであるという考えが読みとれる。そしてそうした「心からの思い」を「身にまとい御精進下さい」とある。みんなで布施した裂には、人々の「心からの思い」が根底に含まれており、それを身に纏ってもらうのだという考え方である。いやむしろ、「纏ってもらう」というより「纏ってほしい」という布施する側の願いが込められているのである。また、以下のような手紙もある。

（前略）早速糞掃衣の話を家族や女房の実家にもしたところ、それならぜひとのことで何枚か集まりました。中には女房が嫁入りの際に作ってもらった着物や、長年御愛顧いただいたお客様の形見や、思い出深い端切れ等大切にしまっておいた物が多く、それがこの機会に糞掃衣という貴重な袈裟の一部として役立てていただけるなら、端切れとしてはこれに勝る表舞台は無いと思い、送らせていただくことにしました。あるものをそのまま詰めましたので、お作りいただく方が適当にお選びくだされればと思います。[21]（後略）　（Aさん・男性・東京都）

すなわち、「嫁入りの際に作ってもらった着物」「お客様の形見」「思い出深い端切れ」を布施しているということである。そして、そうした自分にとって思い入れの深い端切れたちを糞掃衣という袈裟の一部にすることが、「端切れの表舞台」だという考え方がみえる。この「端切れの表舞台」という意味は、すでに使わなくなって不要になった裂の「再生」ということを意味していると考えられる。糞掃衣の一角に縫われた裂が亡くなったお客様の形見の着物の裂、というような考え方、つまり、論者には、「魂の再生」をも含んだ広い意味での裂の「再生」ということも、そこに託されていると思われてならない。沢木興道は、糞掃衣の裂を「布の成仏」と言ったという。そうだとすると、そうした「布が仏に再生する」ということになる。そこに世俗の裂が仏に変化するという、俗から聖への転換が起こっている。これは、中世から広く見られた山川草木ばかりでなく、「器物」にまでも霊の存在を見出し、それをも成仏させるという信仰とも通底しているようである。

（前略）先日はお手紙をいただきありがとうございました。姉と相談の上、亡くなった母の思い出が一番深い着物をお使いいただきたく納めさせていただきます。私たちの入学や卒業のときなど、母が私たちを祝ってくれたときによく着ていたものです。

この着物を見るたびに母を思いだします。姉も母の供養になるとたいへん喜んでおります。[22]（後略）

（Tさん・女性・東京都）

着物は、身体に纏うものである。着物を見ると、着ていた人の当時の姿が思い出されている。そうした「思い出」があるがために、故人の着物は捨てにくい。深く心を寄せていた配偶者や両親・兄弟あるいは子供の着物となると、その着物への愛着心はいっそう大きい。こうした「裂にまつわる思い出」などの記憶が、「裂に思いがこもっている」という考え方につながっているのであろう。故人が着ていた裂を魂そのもののように考える、故人の着物に故人の魂が宿っている、と考えるなどの思想があるのもこのためであろう。

この手紙からうかがえるのは、糞掃衣という袈裟の一部に母の着物の裂を入れてもらうということが「母の供養」[23]になるという考え方である。「母の供養」ができるということで、自分も姉も「喜んで」いるのである。糞掃衣は、このように、故人の供養的要素も含むことから、その裂に託した人々の「思い」を拾い上げているともいえよう。

上に紹介した以外にも、裂を布施した人々の手紙には、「故人の着物をなかなか捨てることができないでいたけれども、この機にそれを布施しますので糞掃衣にしてください、それが故人への供養にもなるでしょう」といった内容の手紙が多く見られる。糞掃衣の衣材として布施される裂は、故人の着物や日常使っていたものなどである。それはまた愛着や思い出がつまったものでもある。その多くは、供養となりそうなもの、子供を育てていた時使っていたねんねこ、かつて自分が使っていたものでもう着ないが捨てられず処分に困っていたものというような、いわゆる「捨てがたい思い入れのある裂」である。

要するに、糞掃衣の裂は、金銭で購入しないもの、という意味だけではないのである。布施される裂は、世俗の執着を離れた裂を集めるということを前提としながらも、実際には古着などを集めることから、特別な思い入れのある裂を用いているのである。布施する側は裂にさまざまな思いを託している。したがって、現代の糞掃衣の衣材となる裂には、人々の思いが託されているという特別性があるといえる。

次に、縫うという行為による特別性の発生について分析してみたい。縫うという行為は、法衣店の袈裟と糞掃衣を明らかに区別し、特別性を持たせる要素である。糞掃衣を縫う行為は、無償の行為であり、買えないものである。そうした買うことのできない行為が伴うことによって、糞掃衣の特別性が発生している。糞掃衣の特別性を探るうえで、縫う行為の問題は重要である。福田会で話を聞いていると、袈裟を縫いに来ている人が強調するのは、裂のことよりもむしろ、「手作り」という点なのである。福田会では、袈裟製作において、「袈裟は単なる縫い物のように縫ってはならない」と教え、久馬氏は、「袈裟を縫うということは浄行である」と言う。

一宮福田会で糞掃衣を縫っていた人が以下のようなことを言っていた。

最近は和裁なんかようせんし、縫うのは大変[24]。

（Sさん・女性・愛知県）

かつての日本では、着物は家で縫っていた。しかし、現代は既製品の洋服を手軽に購入する時代である。洋裁すらも行う人は少なくなっている今、和裁となると、専門学校へ行って習わなければ縫えなくなっている。着物自体も減り、和裁をするということ自体が珍しくなった。手で縫うという行為自体、慣れないことで、かなり大変なことなのである。縫うのに手間と時間のかかる袈裟を労力を惜しまず熱心に縫ってつくるのはなぜか。彼らが熱心に縫うのは、どういう考え方があるためであろうか。

表2は、袈裟や糞掃衣を縫った人の動機や縫っている時の気持ちなどについてまとめたものである。

表2　製作の動機や縫う時の気持ち

縫った人	縫っているもの	縫った動機や目的	どういう気持ちで縫っているか・縫った感想・縫った人の抱えているもの
四十代～六十代女性の三人組　佐賀県	糞掃衣	この糞掃衣は、佐賀の寺院で法要儀式等を行う際に毎回来てくれている僧侶に「お礼」の意味で贈るためのものである。	袈裟を縫う会のメンバー十人ぐらいで糞掃衣を縫った。衣材は家に一切持ち帰らず、お寺の袈裟を縫う会の場で、縫っていた。この糞掃衣は、共同で（みんなで）つくった記念のもの。この糞掃衣は、みんなの心が集まったもの。最近は和裁もしなくなって、できる人もいないので、縫うのは大変。田相の刺子は、何人かで縫ったので、刺し目がいろいろ違っている。

Aさん 女性 千葉県	糞掃衣と糞掃衣の袋	どうしても縫いたい。父をはじめ家族が住職に世話になったので、お礼に。	好きなだけでは縫えない。つらいことと悲しいことがある時懸命に縫った。自分の命の一部。
Tさん 二十代女性 兵庫県	絡子	夫のための袈裟を縫いに来た。自分の手縫いの袈裟を住職や後には他の僧侶にもあげたいと思って。	庵主に教わってもなかなか刺し目が粗かったりゆがんだりしてしまう。「うまく縫われへん……」と言いつつ、一生懸命縫っている。
Aさん 五十代女性 愛知県	七条袈裟	真言宗寺院の夫の袈裟を縫うため。	和裁はやったことがない。袈裟はミシンで縫ったら早いが、やはり手で縫わないと、心が込もらないと思う。
Fさん 六十代女性 愛知県	緑系の壊色の褊衫裙	こうしてみんなが集まっておしゃべりなんかをしたりしながら縫うのが好き。これが良くて来る。楽しいから。	
Sさん 七十代女性	絡子と七条袈裟	『大法輪』でここの福田会の活動を知り、それがきっかけで数年前から参加している。	
Aさん 三十代女性 群馬県	糞掃衣	福田会の親子が縫っていた糞掃衣を引き継いで縫った。時々福田会に袈裟を習いに来ており、糞掃衣を縫っていた親子の娘さんと以前から友人で、「糞掃衣を一緒につくろうね」と言っていた。広島県の寺の住職さんにあげるための糞掃衣である。	愛媛の袈裟を縫う会の多くの人々に田相を縫ってもらった。何人もの人に雑巾刺ししてもらったものを最後に自分がまとめて縫った。
Kさん 五十代女性 愛知県	褊衫裙		褊衫裙を縫うのは襞もとらなければならないし、とても難しい。一人で縫うと縫いにくいが、こうして福田会でみんなと一緒の場で縫うとパワーがもらえて縫える。一人で家で縫うのは無理。

Eさん 五十代女性 愛知県	木蘭の七条袈裟	袈裟をつくりはじめたきっかけは、息子の結婚式に知人からもらった手作りの編衫に感動し、自分も袈裟を手作りで、と思うようになった。夫と息子に手作りの如法衣を縫ってあげたくてつくっている。	もともと、針仕事は苦手で、ほとんどしなかったが、袈裟づくりをきっかけにするようになった。一人では縫えないが、みんながいる場では縫える。福田会でこうして皆とお話ししながら縫うのは楽しく、また、自分で黙々と縫っていて、他の人の楽しそうなおしゃべりが聞こえてきてそれを聞きながら縫うのも楽しい。福田会は来られる時間があれば来るが、来られないことがほとんど。家では忙しいこともあって、落ち着いて縫う時間もない。袈裟を縫うには、落ち着いて座る時間を長時間とらないと縫えない。細切れの短時間で合間合間に少しずつ縫うなどということは無理である。
僧侶 五十代 山梨県	糞掃衣の縫い方を見学	自分の寺で福田会を開き、指導をしているが、袈裟指導の大本山である常宿寺へ習いにきた。	山梨の福田会の人たちといつか、福田会指導してくださっている僧侶に糞掃衣を縫って差し上げたいと考えている。
Hさん 五十代女性 千葉県	九条袈裟	水野弥穂子『道元禅師のお袈裟』を読み、袈裟に興味を持ち、福田会があるという一文を見て縫ってみたいと思った。福田会が近くにないかどうか探していたところ、山梨で行っていると聞き、通いはじめた。『大法輪』の慈雲特集で、久馬氏の記事を見て、電話をかけて常宿寺の福田会を紹介されたので来た。	
Tさん		久馬氏に会い福田会を紹介してもらったのがきっかけ。以来、一宮福田会の岡本氏の	福田会は、賑やかで大変いい。糞掃衣を縫った時期は、縫える時間が自分にはたく

八十代女性 愛知県	糞掃衣	人柄にひかれ来ている。ご縁ができて嬉しい。楽しみで来ている。かつて、たくさんの人々とともに糞掃衣を縫ったことがある。	さんあった。差し上げた僧侶から、「いい功徳がありますよ」と言われた。
Hさん 六十代女性	絡子	定年して時間ができたので、初めて参加した。袈裟づくりに以前から興味があった。	
尼僧 四十代 東京都	七条袈裟	自分の寺で指導するため、習いにきた。	
Aさん 女性 愛知県	糞掃衣	ガンになったことがわかり、糞掃衣を岡本氏に差し上げたい、と製作に取りかかった。	裁断して、裂を配置して、縫う段階に入るところで、病院に入院、そのまま帰らぬ人となった。その後、その糞掃衣の田相を福田会の多くの人たちで縫い合わせ糞掃衣が完成したという。岡本氏も縫ったそうである。死のまぎわまで袈裟を縫っていた。家で寝ていた時にも一部屋を袈裟を縫うための専用部屋としてそこで縫っていた。
Sさん 九十代女性 九州	糞掃衣	岡本氏に縫って差し上げたくて。	和裁の先生だったので縫い物は得意。七十歳から九十一歳まで福田会に通っていた。糞掃衣は二領縫ったことがある。

（福田会での聞き取り調査データと『おかげさまのありがとうの愛の糞掃衣』から作成）

この表から、縫う人は、結構、縫う行為自体に不慣れな人が多いことがわかる。福田会に来ている人に話を聞くと、「針を持つことすらなかった」、「縫い物は昔から苦手で」、「袈裟を縫うようになって針を持ち始めた」という人が結構いるのである。そうした苦手意識があれば、当然、本人にとって苦痛な作業となりそうだが、苦手であっても袈裟、糞掃衣製作に携わる目的は、一体何か。それは、以下のように分類できる。

①身内や知人に袈裟を手作りで縫ってあげたい
②知人の僧侶にお礼の意味で縫ってあげたい
③みんなで縫う場が楽しいので
④自分が袈裟の指導をしているから
⑤縫い物が好きだから
⑥悩みを袈裟製作により解消したい

福田会に参加している人が、以下のように言っていた。

私、和裁やったことないし。お袈裟はミシンで縫ったら早いけど、ミシンじゃちょっとね。やっぱり手で縫わんと、心がこもらんしね。[25]

（Tさん・女性・愛知県）

手で縫うことが「心がこもる」ことで、そしてそこに価値があるのだ、ということである。何でもお金で手に入る、労力も金で買える現代に、「手で一針一針丁寧に時間をかけて縫った」――そこに特別性が発生しているのである。「手作り」は、ミシンで縫うとか、買うというやり方で、僧侶に袈裟を贈っても意味がない、と考えている。それが一般的であった昔ならば当然のことであったが、現代のように、手作りのものが少なくなればなるほど逆にその価値が高まってくるのである。

特に「縫い物が苦手」な人にとっての針仕事は、得意な人の倍の労力を感じるに違いない。二十代の兵庫県の曹洞宗寺院の妻も、「うまく縫われへん」とつぶやきながら、絡子を懸命に縫っていた。そうした場合、その縫い物は、特別な価値を持つのである。

慈雲尊者が行った千衣裁製のうち一部にあたる約十領ほどの袈裟を一宮福田会の人々と共に高貴寺へ見学に行った。そこで十領あまりの如法衣と糞掃衣を見ることができた。それぞれの袈裟は、箱に収められ、保存されていた。大きな布を畳の上に敷いて、その上で一領ずつ広げて拝見した。それぞれの如法衣を広げた時、福田会の人々から驚きと賞賛の声があがった。針目が非常に細かく刺されていたからである。その刺し目は通常では刺すことがとてもできないほど、細かいものであった。

その場には、僧侶も数人見学していたのであるが、一人の僧侶が袈裟を見ている時、以下のように話していた。

これらの袈裟は、縫う技術が素晴らしいという表面的な意味の美しさだけではなく、縫った人たちの心がとても素晴らしかったという、そうした美しさを感じて見なければならないものなのです。(26)

(高貴寺見学での僧侶の話)

こうした、「縫う」ところに心の美しさというものを感じ取るのが、袈裟の本当の見方であるというのである。この発言に、通常の縫い物と袈裟を縫う場合との意識の違いが現れていると思われる。糞掃衣製作の場合は、縫った人たちの心が素晴らしいという美しさを感じ取ることに価値が置かれているのである。つまり、縫い目は単なる縫い目ではなく、その人の心そのものがそこに存在するというのである。

一宮福田会で、次のような場面に出会った。ある若い僧侶が、人々に縫ってもらったそれぞれの田相を縫い合わせて、一枚の糞掃衣に仕立てている最中、一本の電話が入った。その電話は、その僧侶の寺の檀家の一人であるおばあさんが亡くなったという知らせであった。その僧侶は、その電話が終わって、糞掃衣の前に戻ってきて、一つの田相を見つめながら、「亡くなったおばあさんは、この糞掃衣のここの部分を縫ったんだ。大事にしなければ」と話していた。縫われた田相は、縫った人の手を離れた後も、その人そのものであるかのように捉えられているのである。このような考え方は、僧侶の側だけにあるのではなく、縫っている側の一般の人にも共通して見いだすことができるように思われる。

縫う側も縫い目を見る側も、縫った人の「心」が入っていると考える。それでは、どういう「心」が込められているのであろうか。どういう状態や気持ちで縫っているのであろうか。それを箇条書きすれば以下のようになる。

①悲しい時、つらい時、悩みがある時に縫った。

②お礼の気持ちで縫った。

③袈裟を縫っている時はにぎやかで楽しい。

福田会で縫いに来ている人は、楽しい雰囲気が好きだという人が多い。それは、一方で、普段よりこの場が楽しいということも意味している。福田会に来る人で、「にぎやかなのがいいね」「こうした雰囲気が好きで楽しいから来るの」という人は、普段は寂しい生活をしている年配者であったりする。縫いながら、いろいろな悩み事を話し出す人もいる。

一宮福田会の岡本光文氏は、ガンになった人が岡本氏のためにつくってくれた糞掃衣を所持している。その人は、死のまぎわまで袈裟を縫っていたという。家で寝ていた時にも一部屋を袈裟を縫うための専用部屋としてそこで縫っていた。ガンになったことがわかってから、糞掃衣を岡本氏に差し上げたい、と製作に取り掛かりはじめたが、裁断して、裂を配置して、縫う段階に入るところで、病院に入院、そのまま帰らぬ人となった。その後、その糞掃衣の田相を福田会の多くの人たちで縫い合わせ糞掃衣が完成したという。岡本氏も縫ったそうである。岡本氏によれば、糞掃衣は、単なる縫いものとは異なり、いろいろな人生の苦しみ、悩み、思い、が入っているのだという。単なるモノづくりとは異なるという[27]。

福田会に来る人は、岡本氏によれば、何らか事情を抱えた人が多いという。人に言い難い人生の重い悩みを抱えた人、病気の人、苦労している人などである。「むしろそうした重い悩みを抱えた事情のある人しかこういう場所には来ないでしょうね」。なぜならば、この袈裟を縫うという行為は、お金にならない労働、つまり「無償の奉仕活動」であるからだという。岡本氏は「このご時世に、無給の仕事である袈裟づくりを皆本当に熱心に行っている。これが本当に素晴らしくて尊いことであると思う」と言う。

糞掃衣は、多くの人々と共に縫う。それが特徴の一つにもなっている。だが、これは、もともと経典にそう決められているわけではない。道元も多くの人々によって糞掃衣を縫うことには言及していない。しかし現代においては、「多くの人々で縫う」という点も糞掃衣製作の特徴になっている感がある。これは、おそらく江戸時代の慈雲などの袈裟製作活動にならってのことであろう。多くの人々と共に縫うのは、糞掃衣という袈裟の製作が一人で縫うのは大変だから、ということで分業するという理由もあるが、糞掃衣はみんなでつくり上げるところに意味があると考えているからであろう。

また、「皆がいるとパワーをもらえて縫える」「一人だと縫えないが、ここで皆と一緒に縫うと縫える」という声が多く聞かれる。多くの人と一緒に縫う場や、多くの人と共に縫うということが大事なのである。

水野弥穂子氏は、次のように述べている。

一緒にお袈裟を縫った方々を見ていると、必ずそれぞれ、その人にもっともふさわしい道が開けているのがわかる。お袈裟にかかわった方は、必ずその正法《しょうぼう》への道が開かれている。[28]

ここで水野氏が、「袈裟にかかわった方は、正法への道が開かれる」と述べている点に注目したい。袈裟をみんなで縫うということによって正法（正道ともいう。無漏正真の道をいう[29]）への道が開かれるという。この袈裟に関わることによって開かれる正法とは、袈裟功徳と同様の意味であろう。糞掃衣をみんなで「縫う」という行為によって、他者のために自分は役に立った、みんなと一緒に「心を込めた」と感じることが重要である。「自分の清らかな心を込められた」とか、「みんなと私の心が一つになって糞掃衣の中にある」と感じることで、悩みや不安が解消されている。それこそがまさに「袈裟功徳」そのものなのかもしれない。自分のつらいことをこらえながら、糞掃衣づくりに励むことが、縫っている人の心を救うことであり、それが「袈裟の功徳」ということかもしれない。

糞掃衣製作において福田会の人々が重視しているのは、裂や縫うという行為以外に、みんなでつくった、みんなの力を合わせた糞掃衣という点である。

この糞掃衣は、共同で（みんなで）つくった記念のものやからね[30]。（Fさん・女性・佐賀県）

こうした声がよく聞かれる。糞掃衣製作においては、裂という物質面においても、縫うという労力面においても、「みんなの力を合わせて一つのものをつくる」という皆の力を合わせた点を非常に重視しているようである。

この糞掃衣は、みんなの心が集まったもんだからねえ。[31]

（Oさん・女性・佐賀県）

福田会で上記のような発言がよく聞かれるのも、心や魂の集まりに力が発生するという考え方があるためであろう。みんなでつくり上げて完成した一枚の糞掃衣は、単なる衣服とは異なり、みんなの心の結集と考えられている。それがあるからこそ特別な力を持つ、最高の功徳が発生する衣として成立しているのである。

こうした合力においては、一つのモノをつくり上げること、それは大勢の人々が心を込めたことの証となる。糞掃衣製作は、裂と縫いが心として捉えられ、それが集まると一枚の糞掃衣が完成する。そうした「心の集まり」に特別な力が発生するという考え方が根底にあるために、糞掃衣という衣服の特別性が発生しているのである。

ここまで、つくる側による行為の特別性の発生について考察してきた。次にその製作された糞掃衣を着る行為による特別性の発生について考えてみたい。

製作された糞掃衣を贈られて身に着ける側の僧侶は、糞掃衣についてどのように考えているのだろうか。その事例として伊藤博陽氏が糞掃衣の衣材を集める際に送った手紙を紹介する。

皆様には日々ご健勝のことと存じ上げます。

昨年六月三日の晋山結制に三人の信者の方によりまして手作りのお袈裟を頂戴し、ありがたく着けさせてもらいました。

このたび、拙僧に糞掃衣という最高の袈裟を作って下さるご奇特な方が現れました。

糞掃衣とは、塵芥の中などに捨てられてあったぼろきれをつづり合わせて作った衣です。この衣を作っていただくに際し、知人・縁者の皆様に端切れをお願いし、それを使わせていただき、皆様の愛情を身にまとい、ともに生きていきたいと存じます。

出来上がりますれば、小生一代の袈裟としてだけでなく寺宝として永代の物となるでしょう。同封いたしました写真のような、皆様の一枚一枚が柄となります。

一、大きさ　一〇センチ×一〇センチ

一、材質　正絹

一、色　一色でなくてよい。ボカシでも柄物でも何でも結構です。（三百枚必要なのです）

一、期限　平成三年三月末日まで

どうかご無理をなさらず、あくまでも糞掃衣の意味合いをおくみとり下さり、端切れをお送り賜りたく存じます。

向寒の折、ご自愛のほど。よろしゅう。(32)

「皆様の愛情を身にまとい、ともに生きていきたいと存じます」の一節に注目したい。糞掃衣を身に纏うということは、多くの人々の「愛情」を身に纏うこと、と捉えられているのである。彼は、決して糞掃衣を単なるボロ裂の寄せ集めの衣服だとは思っていない。ボロ裂は人々の愛情であると理解し、それを身に纏うことのできる喜びが見える。「拙僧に糞掃衣という最高の袈裟を作って下さるご奇特な方が現れました」とあるように、糞掃衣を製作してもらって着用することに対する謙虚さも見える。

糞掃衣は、見た目からすれば、単なるボロ裂の集まりである。見る人によっては、汚い衣だと思うのみで、そこに価値があるとは思えない人もいる。福田会と関わり合いのない僧侶は、福田会で製作される糞掃衣について以下のような感想を述べている。

古い着物とか、亡くなった人の着物でつくったものは、なんだか気持ち悪いように思うなあ。そんなのは身につけると怖いようにも思うわ。[33]（Hさん・男性・奈良県）

この僧侶は、亡くなった人の裂を継ぎ合わせたものは「気持ち悪い」ので、身に着けたくないという。先の伊藤氏の考え方とは全く正反対である。仏教僧侶であれば必ず糞掃衣の価値が理解できるというわけではないのである。

つまり、糞掃衣の特別性は、着る僧侶がボロ裂の継ぎ合わせに価値を見いだす場合にのみ発生するのである。糞掃衣は、みんなの心が集まっているもので、特別なものだと思うことのできる人が、糞掃衣の価値のわかる人なのである。それは糞掃衣を製作している姿を想像でき、人の心のありようや価値が理解できる人、ということにもなるかもしれない。

こうした価値がわかる僧侶は、糞掃衣をもらった時、嬉しいと感じるのである。それは、「糞掃衣を着る資格のある人間」として周囲の人に認められたがゆえに、糞掃衣を多くの人につくってもらえるからである。人の心をたくさんもらえる資格があり、それが自信にもつながっている。

また、この伊藤氏の糞掃衣を縫った人の感想にはこうある。

今回の十三条衣は、いままでと違い、坐具を含め四百三十三枚もの皆様のお心がいっしょに縫い込められております。一枚一枚の布地に歴史があり人生があると思います。それを一度につけられる方を羨ましく存じます。
この糞掃衣は平成三年十二月二十三日出来上がりました。どうぞきれいな大輪の花をみごとに咲かせて下さいませ。(34)

（Aさん・女性・千葉県）

「いままでと違い、坐具を含め四百三十三枚もの皆様のお心がいっしょに縫い込められております」とあるように、この糞掃衣は、それまで縫ってきた通常の袈裟とは違う、「四百三十三枚もの『皆様のお心』がいっしょに縫い込められ」た「糞掃衣」なのである。そしてそうした糞掃衣を「一度につけられる方を羨ましく」思うというのである。こうした点からも糞掃衣を身に着けることは、単に衣服を着るということではなく、大勢の人々の心を着けることと考えられている。

久馬慧忠氏は以下のように述べる。

袈裟をかけるということは、仏の心を身にまとうことなのです。誰でも袈裟をかけさえすれば、そのまま仏の心に覆い尽くされてしまうのです。(35)

袈裟は、「仏の心」であり、着ることは、仏の心に覆い尽くされることであるという。人々の心の集まりによってできたものが「仏の心」と一致するものであると考えられる僧侶が、糞掃衣の本当の価値がわかる僧侶だといえるのである。

このように仏の心そのものであるとされる糞掃衣は、普段着る袈裟ではない。特別な儀式の際に身に着けるのみで、その後は、箱に入れて大切にしまっておく。そのように大切に保管し、普段に着用しないのは、人々の心を集められてつくられた糞掃衣を仏像と同様の特別な袈裟として捉えているためであろう。特別なものと思うからこそ、普段用いるものではなくなっているのである。

行為からみた糞掃衣の特別性は、裂と縫うという行為によるものであると同時に、身に着ける側の僧侶が価値を理解できるというところに発生している。

第四節　糞掃衣の「特別性」と「聖性」

これまで述べるように、糞掃衣の特別性が発生するには、さまざまな理由がある。福田会の人々が糞掃衣に聖性があると考える最大の根拠は、経典の記述、道元などの言説である。この言説に説かれる袈裟であるからこそ、糞掃衣は、聖性を持つ袈裟であると信じられるのである。

しかし、実際のところは、彼らのつくる糞掃衣は経典通りとはいい難い。しかし、彼らはそれを問題視しない。彼らにとってそれは、あくまでも、釈尊の身に着けていた糞掃衣の複製品をつくる作業なのであり、つくられた糞掃衣は、釈尊の身に着けていた糞掃衣と同様の表象で、聖性の発生するものとして考えられている。

糞掃衣が聖性を持つのは、経典に記述のある衣だから、という理由だけではない。経典の記述と異なるのに聖性のある衣として成り立つのは、他にも聖性の発生理由があるということになる。

糞掃衣の「表象からみた特別性」は、糞掃衣という意匠を複製するというところに発生する。複製品をつくる作業は、同じ意匠のものをつくる作業である。しかし、ボロの裂を継ぎ合わせた、意匠が糞掃衣調のものを、すべて糞掃衣というわけではない。そこにはある一定の彼らの基準が潜んでいる。それは、金銭が介在しないという点である。現代社会においては、そのことは希少性を持つために特別視される。古い着物の裂が糞掃衣の裂として認められるのも、お金がかからないことが貪りの心のないこと、という点につながっている。経典に説かれるような貪りの心をおこさない衣ということから、特別な衣とされるのである。

糞掃衣の「行為からみた特別性」は、裂と縫う行為、そして着るという行為に発生する。福田会で糞掃衣に用いられる裂は、経典の記述とは異なるが、古い着物という意味だけではない。布施により集められる裂には、さまざまな思いが込められており、糞掃衣の裂にすることによって思いを託すという面がある。そして縫うという無償の行為にも、高い価値を置く。縫う行為は、浄行であり、清らかな心による行為である。それゆえ、完成した糞掃衣は、古い着物の縫い合わさったものを超えて、仏心、聖なる衣となる。福田会の人々は、これを功徳のある衣として見る。そして完成した糞掃衣を僧侶に着てもらい、それによって製作の際に託された思いが実を結ぶのである。僧侶が糞掃衣を着るのは、重要な儀式の時だけであり、現代では普段使う袈裟ではない。糞掃衣は箱に入れてしまっておく、いわば仏像と同様の宝物となっているのである。

このように福田会の糞掃衣は、諸要素が複雑に重なり合うことによって聖性が発生している。福田会の人々が、こうした諸要素の総体を無意識に受け入れるところに、福田会の人にとっての「聖なるもの」としての「糞掃衣」がある。

そして、論者から見れば、日本の糞掃衣とインドの糞掃衣の聖性の発生は大きく異なるところに由来している。

糞掃衣の一番重要な点は〈裂〉である。糞掃衣は、『五分律』や『四分律』をはじめとする経典の記述において、所有者のわからなくなった世俗の執着を離れた裂を用いることになっている。これが他の袈裟と異なる最大の点である。仏教修行者は、世俗の美的感覚からすると正反対の究極の衣材を用いた袈裟を常に身に着けることが、世俗の価値を超えた修行者としての証、聖なる人としての証であったのである。経典に定められる裂は、第二章で考察したように、呪力的要素を考え、裂による呪力を意識して定めたものではなかったかと思う。だからこそ、不浄性、境界性のある究極の衣材を用いたのである。インドの糞掃衣として制定されていたものは、そこに意味があったのである。経典で裂に呪力性を持たせ、それによって解脱という功徳を考えて制定したのは、糞掃衣を〈着る〉点に重きを置いていたからにほかならない。糞掃衣のような衣を身に着けることができるということそのものが、修行であり、心理的効果につながる。それゆえにそうした不浄性、境界性のある呪力のある裂を用いることを念頭において制定されていたのであり、糞掃衣が意味を持っていたのである。

日本の糞掃衣と経典の糞掃衣の間には明らかにズレがある。福田会の糞掃衣は、経典通りの糞掃衣をつくるという立場に立ちながら、経典に定められる裂を拾い集めておらず、古い着物をもらい集めている。経典で定められる糞掃衣は、裂に呪力を持たせることによって聖性が発生していた。福田会の古い着物でつくられる糞掃衣は論者の目に汚いものやボロとは映らないのである。また、遠山糞掃衣にする必要はないのに、そうした意匠でつくっている。指導者や僧侶たちは、糞掃衣の遠山を美しいという目で見てはいけないというが、美しい糞掃衣に見える。経典における糞掃衣は、見た目に美しくないというのが基本姿勢で、そこに被服心理学的な要素があったと考えられるのだが、日本ではそうなっていない。経典に定められるような無所有の裂を拾うことは日本でも可能であるが、福田会では拾った裂でつくらない。たとえインドのように裂が落ちていても、拾わないのではないか。古い着物の裂を身に着けることは、はたして糞掃衣を身に着けたといえるのであろうか。ここでは、明らかに、糞掃衣の本来付与されている意味が変化・喪失してしまっているのだ。

では、福田会のつくる糞掃衣は全く糞掃衣ではないのかというと、そうではない。彼らにとっては、まぎれもなく糞掃衣なのである。道元が見いだした新しい糞掃衣観に従って、糞掃衣を認識しているのである。すなわち、そこに心の宿っているさまを感じ取るからである。そしてそれは、糞掃衣製作における見えない部分での労力がわかるからである。もし、何の知識もなく、製作過程を知らない人が糞掃衣を見れば、何の価値もないボロ裂に見える。そして、この糞掃衣が心の集まりでできていると信じられているために、見た目が遠山柄で美しくとも、古い着物を集めていようとも、彼らにとってこれは糞掃衣であり、究極の仏心なのである。心が宿っているさまを想像でき、そこに価値を見いだすからこそ、日本の糞掃衣は糞掃衣として成立している。

日本の糞掃衣は、「心」もしくは「思い」によってつくられ支えられている。そしてそれを中心的な理念にし、それが「裂」という具体的な衣材を媒介に寄せ集められるのである。そうした価値観は「千人針《せんにんばり》」(36)などのように、思いがたくさん集まるということで呪力ともいえる力が発生するといった日本の習俗ともつながっているのであろう(37)。思いが集められる点に呪力を見いだすからこそ、日本の糞掃衣は、聖性のある特別な袈裟として成立しているのである。それは、衣自体に力があるのではなく、実践の中から力というものが生み出されているのである。その実践の中にある、彼らの考える〈皆の清らかな心〉が最も清浄なる糞掃衣を形づくるのである。それが至上の袈裟という特別性を持つのである。そして、それが実は日本の糞掃衣を「聖なる衣」にしている根源となる考え方ではないだろうか。

註

(1) 岡本光文『糞掃衣を作る』(常宿寺で配布されるプリント)、一～三頁。
(2) 衛藤即応『正法眼蔵　上巻』、岩波書店、一九三九年六月、一七六頁。
(3) 同、一九一頁。
(4) 下田淳『ドイツ近世の聖性と権力――民衆・巡礼・宗教運動』、青木書店、二〇〇一年十二月、二四九頁。
(5) 同、二四九頁。
(6) 同、二六〇～二六二頁。
(7) 沢木興道監修・久馬慧忠編『袈裟の研究』、大法輪閣、一九六七年十月、六九～七一頁。
(8) 同、七一～七二頁。
(9) 久馬慧忠『袈裟のはなし――仏のこころとかたち』、法藏館、一九八九年五月、八二頁。
(10) 敦煌文物研究院編『中国石窟　敦煌莫高窟』第五巻、平凡社、一九八二年十二月、図版四二。
(11) 『砂漠の美術館――永遠なる敦煌』展図録、朝日新聞社、一九九六年、一六一頁。
(12) 敦煌文物研究院編『中国石窟　敦煌莫高窟』第五巻、平凡社、一九八二年十二月、図版一〇四。
(13) 敦煌文物研究院編『中国石窟　安西楡林窟』、平凡社、一九九〇年十月、図版四六。
(14) 『大正大蔵経』第四十巻、三九一頁b。
(15) この五条遠山袈裟は、平絹で遠くに山が連なる風景を表している。坊津歴史資料センター輝津館に保管されている(保刈禎子『やさしい「御袈裟」のお話』、近代文芸社、一九九四年二月、一二二～一二九頁)。
(16) 『仁和寺大観』、法藏館、一九九〇年二月、二七七頁。
(17) 井筒雅風『袈裟史』、雄山閣、一九六五年二月、二九九～三四六頁。

(18) 橋本恵光氏は、海善寺で経典『大乗本生心地観経無垢性品偈法衣十勝利』の講義を行い、その講述が後に出版された。講義は、一九六三年九月に行われた。

(19) 橋本恵光老師講述『大乗本生心地観経無垢性品偈法衣十勝利』、海善寺、一九六七年七月、五二頁。

(20) 伊藤博陽『おかげさまのありがとうの愛の糞掃衣』、長楽寺、一九九二年六月、一二一頁。

(21) 同、一五八頁。

(22) 同、一〇一～一〇二頁。

(23) 供養とは、もとは仏や聖人など聖なるものに対して、物質的、精神的なものを捧げることであったが、死者回向、来世回向の要素が入ってきて幅広く用いられるようになった。

(24) 二〇〇二年九月十八日、聞き取り調査。

(25) 二〇〇二年九月十六日、聞き取り調査。

(26) 二〇〇二年十月十一日、高貴寺見学調査。

(27) 先の伊藤氏の糞掃衣を縫った人も、次のように述べている。

毎日約二時間を修行の時間と称して縫ってまいりました。縫うことが好きだからと最初は思って始めたのですが、十三条糞掃衣になると、好きなだけではでき得ないということがよくわかりました。完成までに一年近くもかかってしまいました。その間様々な出来事がありました。嫌なこと、つらいこと、悲しいこと等々。しかしそんなときはお袈裟を夢中で縫いました。なぜか気持ちが落ち着き、また頑張ろうという意欲が不思議と出てくるのです。出来映えは良くないのですが、縫い上がったお袈裟は私の命の一部です。（伊藤註(20)前掲書、三〇頁）

ここで述べられるように、糞掃衣は刺子をさすのが大変で、「単に縫うことが好きなだけではできない」のである。こうした手間のかかる行為でありながら、つらいこと、悲しいことがある時に縫うと「気持ちが落ち着き、また頑張ろうという意欲が不思議と出てくる」のだという。そしてそういう気持ちで縫ったものゆえの、「縫い上がったお袈裟は私の命の一部です」ということなのであろう。

(28) 水野弥穂子『道元禅師のお袈裟』一二～一三頁。

(29) 龍谷大学編『仏教大辞典』第四巻（富山房、一九一六年十二月）、二六七七頁「正道」、二七二七頁「正法」の項。
(30) 平成二〇〇二年九月十七日、聞き取り調査。
(31) 同。
(32) 伊藤註(20)前掲書、二二一～二二三頁。
(33) 二〇〇一年十一月三十日、聞き取り調査。
(34) 伊藤註(20)前掲書　三〇～三一頁。
(35) 久馬註(9)前掲書、二頁。
(36) 千人針とは、一片の布に千人の女が赤糸で一針ずつ縫って千個の縫い玉をつくり、出征将兵の武運長久・安泰を祈願して贈ったものである。千人針については、大間知篤三「千人針」（『大間知篤三著作集　第四巻』、未来社、一九七八年二月）や、高崎正秀「千人針考」（『古典と民俗学』、塙書房、一九五九年十月）の研究がある。森南海子は千人針を集め、千人針にまつわる話を『千人針』（情報センター出版局、一九九五年八月）にまとめている。
(37) 大間知篤三は、「弱い者や危険にさらされている者をして、無事にその難関をすごさせるために、その近親昵近者が個人的に神仏へ祈願するばかりでなく、多人数の力を合わせることによって、この目的を達しうるとしたいわば合力呪願とも称すべき習俗が、古来日本にはなかなか多かった」（大間知篤三「千人針」〈『大間知篤三著作集　第四巻』、未来社、一九七八年二月〉、一四一頁）と述べている。

結論

日本で糞掃衣という袈裟が特別性を持つ理由を、福田会で製作される糞掃衣の布に付与される意味や製作に携わる人々が付与する意味に視点を置き、第一章から第四章まで考察してきた。ここで各章において明らかにした点を再び確認したうえで、結論を述べたい。

第一章「福田会における糞掃衣制作活動」では、福田会という袈裟を縫う団体の実態とそこで縫われる糞掃衣の製作について、フィールド調査をもとに明らかにした。

福田会では、法衣店で売られている袈裟は違法であるとして、仏教経典で定められる通りの如法衣を製作している。福田会では、経典通りのものをつくることが重要とされるので、提唱といわれる袈裟についての講義を行う。人々は、提唱によって正しい知識を身に付けたうえで製作を行う。如法衣とは、壊色というくすんだ色の質素な素材を却刺縫いで縫った袈裟である。如法衣の中で最上とされるのが糞掃衣である。糞掃衣の製作は、不要になった古い着物や帯などを集め、裁断し、各部分ごとに分け、何人かで刺子縫いをし、最後に一枚に縫い合わせる。糞掃衣は、福田会で特別な袈裟として認識され、尊重されている。単なる僧侶の衣服という認識を越えている。

第二章「糞掃衣の理念の歴史(一)――インド・経典分析を中心に――」では、糞掃衣の特別性の根拠となる経典を考察した。

糞掃衣の語源と経典に説かれる裂について考察した。糞掃衣の語源は、塵芥にまみれたもの、などの意味である。糞掃衣の裂については、『五分律』をはじめとする戒律経典に詳細な記述が見られる。この裂は、インドにおいて呪力を発生すると考えられていたり、不浄、境界という意味を持つ裂である。そうした裂を用いて僧侶自らつくるのが、経典で定めるところの糞掃衣である。

第三章「糞掃衣の理念の歴史(二)——日本的展開——」では、経典と同様に糞掃衣の特別性の根拠となる道元、慈雲、沢木といった僧侶の言説を考察した。

日本では、道元が『正法眼蔵』で、糞掃衣について記している。道元は、糞掃衣を大変重視し、「最も清浄な衣」と位置づけた。道元は、日本で経典の記述にある裂を得るのが難しいと考え、新たな裂のあり方を考えた。それは、布施する人の浄なる心に価値を見いだし、浄なる心が伴う布を糞掃衣の布として認めるものであった。これは、経典の記述にも、中国における考え方にもない、道元独自の考え方である。このような考え方は、道元のみならず、江戸時代に活躍した慈雲も同様であった。慈雲は、袈裟研究書を著し、千枚の袈裟を縫う「千衣裁製」という一大事業を成し遂げた。千衣裁製には、一般の人々の参加もあり、袈裟の信仰が民衆の間にも見られたということがわかる。明治に入り、曹洞宗僧侶沢木興道が袈裟の研究をはじめ、福田会の基礎を築くこととなる。沢木興道も、糞掃衣の布と製作に、「心」の重要性を説いている。日本では、浄なる心を裂に読み込み、それを糞掃衣の衣材として認めているのである。ここでの考察により、福田会で製作される糞掃衣と経典に定められる糞掃衣や道元の言説との間には、差異があるということが明らかとなった。

第四章「糞掃衣の聖性はどこからくるのか」では、実際の糞掃衣製作において聖性が発生する要素は何かという点についての考察を行った。

福田会では、経典通りにつくることを前提としながら、実際は経典に定められる通りの糞掃衣をつくっているわけではないと考えられ、道元の言説とも異なる点が見られる。しかし、福田会の人々は、自分たちのつくっている糞掃衣は、経典や道元の言説にある糞掃衣と同様であるという認識を持っている。そうであれば、糞掃衣の特別性の発生は、経典や道元などの言説以外にあるということになる。福田会の糞掃衣の特別性の発生要因は、十点の主要な要素が複合しているからではないかと考えた。①経典において説かれている、②道元や慈雲、沢木、久馬という僧侶が説いている、③複製品をつくる、④遠山の意匠、⑤購入できない衣、⑥古い裂を集める、⑦縫うという行為、⑧力を合わせる、⑨着るという行為、⑩大事にしまっておく。これらの諸要素を大きく三つに分けて考察した。一つは、言説のレベルで見られる特別性、もう一つは表象のレベルで見られる特別性、そして実践のレベルでの特別性である。

ここでの考察により、福田会の糞掃衣は、諸要素が複雑に重なり合うことによって聖性が発生しているということが明らかになった。こうした諸要素の総体を無意識に受け入れるところに、福田会の人にとっての「聖なるもの」としての「糞掃衣」がある。しかし、論者から見れば、日本の糞掃衣とインドの糞掃衣の聖性の発生は大きく異なるところに由来している。日本の糞掃衣には、思いが介在するという特徴がある。その点に呪力を見いだすからこそ、日本の糞掃衣は、聖性のある特別な袈裟として成立しているのではないかと思われる。

以上、本論における考察をふまえ、結論に入りたい。

これまでの考察の結果、福田会の糞掃衣の特別性は、複合的な要因が重層的に組み合った中に発生していることが明らかとなった。福田会の人々は、糞掃衣を、インドの釈尊以来伝統的に続いてきているもの、という連続性の点から信仰している。そして自分たちのつくっている糞掃衣は、経典記述にある糞掃衣と同一のものと考えている。しかし、思想的には連続性が見られるものの、糞掃衣の製作自体には連続性は見られない。福田会では、経典記述通りの如法衣をつくるという立場に立ちながら、経典記述と異なる糞掃衣をつくっているのである。

経典記述によれば、糞掃衣は、僧侶自ら裂を拾ってつくっていた。檀家から布施してもらった裂でつくる袈裟は、糞掃衣ではなく、誰のものかわからない無所有の裂でつくるところに重きが置かれていた。そして、修行のために身に着けるため、呪力のある不浄性、境界性のある裂を用いる点に特別性があったのである。

ところが、日本の糞掃衣は、道元が、裂の特別性を「清浄な心」に転換した。これは大きな変革であり、その結果、日本的な展開が始まることとなった。日本では、それ以降、糞掃衣は、檀家の「清浄な心」のもと布施された古い着物を集めることとなった。その集められた着物には、布施した人々の「心」が込められていると考えられている。裂を集めることは、モノと心を二重に集めている行為なのである。そして福田会に人々が集まり、糞掃衣の田相部分を各人が担当する。人々は、刺子して縫うという行為により、田相に心を込めたと考えるのである。そしてそれぞれのつくった田相を集め、つなぎ合わせて一領の糞掃衣に仕立てる。すべての田相が一つになり、糞掃衣が完成すると、それは

「みんなの心が寄せ集まったもの」と認識される。糞掃衣は、裂、縫うという労力、人、そして心を、一つに寄せ集めた象徴なのである。そこに福田会の糞掃衣の特別性がある。

糞掃衣の特別性の発生は、裂を寄せ集める、縫うという労力を寄せ集める、心を寄せ集める、人を寄せ集めるといった〈寄せ集める〉点に特徴がある。それによって一つの糞掃衣が形づくられるのである。論者が本論文の考察から特に主張したいのは、福田会の糞掃衣の特別性は、〈寄せ集める〉という点が根底に見られるのではないかということである。道元の裂の転換にも影響され、福田会の糞掃衣は、心を寄せ集めるという意味が強い。だからこそ日本の糞掃衣が成立しうるのである。

これまでの考察の結果は、糞掃衣にとどまらず、それを越えた問題にもつながっているように思われる。すなわち、論者は、福田会の糞掃衣が、経典記述と異なるにもかかわらず聖性のある衣として成立しうる理由として、糞掃衣の製作にとどまることなく、日本において広く見いだされる、〈寄せ集める〉という考え方がその根底にあるからではないかと推測している。例えば、布を寄せ集めてつくるという糞掃衣製作の仕方は、戦争の際に弾よけになるよう祈りを込めたという「千人針」や病気快癒などの願いを寄せた「千羽鶴」といった習俗を想起させるであろう。つまり、この〈寄せ集める〉という特徴は、糞掃衣を越えた日本の民間信仰、モノの作り方、集団の作り方などに関わる問題であると考えられるのである。この延長線上に、今後は、モノや思いを〈寄せ集める〉事例を広く分析する研究をしていきたいと考えている。

論者は、序論において、被服史・被服学などで特殊な扱いを受けがちな宗教服の研究からも、一般の人々の価値観につながる成果を見いだせるのではないか、そのことを糞掃衣という仏教の僧服の中でもきわめて特殊な扱いをされてきた衣服からも示すことができるのではないか、という問題提起を行ったが、本稿において、不充分ながらも、それを論証しえたものと考えたい。宗教服の研究は、宗教者の心構え粛正のためだけでなく、視点を変えることにより、現代人の問題意識につながる研究成果を挙げることが可能なのである。ただ、こうした試みはまだ始まったばかりであり、今回は糞掃衣という限定された宗教服の一形態を考察したにすぎないが、今後は、別の素材を手がかりにして、〈寄せ集める〉という、一般の人々の価値観につながる問題のさらなる解明を行っていきたいと思う。

あとがき

本書は、二〇〇三年秋に総合研究大学院大学へ提出した博士学位論文『糞掃衣の研究――福田会の事例を中心に――』を一部加筆修正したものである。博士論文完成までの道のりは、さまざまな出会いと多くの人々のお力添えがあった。それを改めて振り返り、感謝の意を記したいと思う。

研究対象である「糞掃衣」に出会ったのは、大学三回生の時である。大学二回生の時に叔父が亡くなり、お通夜の席で僧侶の身に着けていた金襴袈裟の豪華さに驚き、それを卒業論文のテーマにしようと考えた。そこで久馬慧忠著『袈裟の研究』を読み、実は「糞掃衣」が、仏教本来の袈裟の姿であったということを知った。袈裟といえば、豪華な金襴や刺繍などの袈裟であると思っていた私にとって、それは衝撃的であった。仏教の思想からして、そうした衣であるべきだろうな、と納得したものの、欲をおこさないためとはいえ、これほど汚い裂で糞掃衣をつくるのはなぜかということが気にかかった。糞掃衣の裂として定められたものには何か意味があるのかもしれない、そして、その意味を探ると糞掃衣を超えたいろいろな問題とつながるのではないか、と考えた。それ以来、九年近くに及ぶ研究を行ってきたのである。

研究は、大手前女子大学（現在の大手前大学）で、切畑健先生に卒業論文をご指導いただくことにより始まることとなった。切畑先生との出会いがなければ、現在の私は無い、と言ってよい。大学院進学など考えたこともなかった私が研究の楽しさを知ったのは、切畑先生のご指導のお陰である。切畑先生には、染織工芸史の立場から、遺品調査を中心とした研究方法と衣服史研究の方法を教わった。先生は、私が神戸女学院大学大学院へ進学を希望した折も、研究のさらなる向上のためにと快く送り出してくださった。切畑先生には、現在に至るまで変わりなく温かいご指導をいただいており、深く感謝している。

神戸女学院大学大学院では、濱下昌宏先生に出会った。濱下先生は、研究会や国際学会などの活動を積極的にしておられ、先生のお陰で国際学会にお連れいただいたり、発表の機会も与えていただいた。濱下先生の幅の広いご指導のお陰で、美術史研究の基本をしっかり教えていただきつつ、一風変わった研究対象であっても、視点を変えることなく修士論文を書かせていただくことができた。濱下先生には、卒業後もつらい時期にはいつでも温かい励ましをいただき、感謝の念に耐えない。また、濱下先生が一緒に資料を探してくださっていて出会ったのが、本書で取り上げている伊藤博陽著『おかげさまのありがとうの愛の糞掃衣』であった。それによって、現代の日本でも糞掃衣を製作している ことを知ったのである。伊藤氏には、後にご著書やお手紙を頂くことになり、研究を励ましていただいた。厚くお礼申し上げたい。

修士論文を書いてなお一層研究を続けたくなり、博士課程に進学を希望することとなった。しかし、当時、神戸女学院大学の博士課程は英文科のみしか開設されておらず、他大学院への進学を余儀なくされた。そして国際日本文化研究センター内に、総合研究大学院大学という大学院が開設されていることを知り、ここならば、私の書きたい論文をご指導いただけるに違いないと思い、門をたたいたのである。その期待通り、素晴らしい先生方との出会いがあった。総研大は複数の指導教官にご指導いただくシステムなので、主任指導教官は頼富本宏先生、副指導教官は小松和彦先生、栗山茂久先生に決まった。

主任指導教官である頼富本宏先生には、仏教美術、仏教経典について非常に多くのことを教えていただいた。特に経典分析面でのご指導を受けることができたのは大変有り難いことであった。先生はどんなに忙しい時であっても笑顔で優しく接してくださり、学会発表や論文提出の折には、原稿に目を通して細部にわたって懇切丁寧なご指導をくださった。また、四国遍路調査をはじめ、各地への調査にご一緒させていただき、仏教美術について勉強する機会をたくさんいただいた。頼富先生にいただいたご指導と数々のご恩に、心から感謝申し上げたい。

博士課程一年目が過ぎようとしていた頃、久馬慧忠先生、そして一宮福田会との運命的な出会いがあった。それは、久馬慧忠先生の論文を探していたことがきっかけである。その論文は通常の方法で入手できなかったため、大学院の先輩である加藤義朗さんが、法蔵館の大山靖子さんにしていただき、久馬慧忠先生ご本人から直接論文を頂くことになった（このたび本書の担当を大山さんにしていただくことになり、不思議なご縁を感じたものである）。論文を頂いて後、お礼状を差し上げたところ、「福田会という袈裟を縫う会を行っているので、一度参加なさいませんか」というお便りを頂いた。そこで一九九九年五月の福田会から福田会に参加させていただくことになったのである。その時に初めて久馬慧忠先生にお会いした。学部の時に何度も繰り返し読んだ『袈裟の研究』の著者にお会いでき、非常に感激したことを今でも鮮明に覚えている。初めてお会いした日は、初対面と思えないほど、長時間袈裟について話が尽きることなく、専門の先生とお話できる幸せをかみしめたものである。それ以来、質問があるたびにお手紙や福田会などでお会いしてお聞きした。先生は、いつでも快く応じてくださり、袈裟についての知識や資料に関して詳しくお教えくださった。それだけでなく資料のコピーや写真資料なども数多く提供してくださったのである。久馬先生には深く深くお礼申し上げたい。

また、一宮福田会が長年続いてきたのは、把針指導をなさっている常宿寺庵主岡本光文先生のお人柄が大変大きい。岡本先生は、非常に心が優しい方で、袈裟の縫い方を常に笑顔で教えてくださったばかりでなく、研究の役に立つことなら何でも協力しますと言ってくださった。また、岡本光文先生をいつも側で支えている岡本慧光氏は、私の研究に非常に理解を示してくださり、いつも温かく励ましてくださった。福田会は、禅宗の作法通りに生活を行うので、素人の私にはわけがわからず、最初の頃は見よう見まねで必死になっていた。しかし、福田会の方々は、皆さん温かく接してくださった。本来ならば福田会に参加している方々お一人お一人、お名前を挙げてお礼申し上げるべきところではあるが、福田会が信仰という個人的な部分に関わっているため、あえてお名前を挙げるのは控えさせていただき、感謝の気持ちを記すのみにとどめたいと思う。

博士課程の半ばで頼富先生が種智院大学の学長になられ移られた後、小松和彦先生に主任指導教官をお願いすることになった。そして副指導教官は、栗山先生、早川先生となった。

小松和彦先生は大変学生想いの先生で、残り少ない博士課程の年度から指導教官になっていただいたにもかかわらず、最後の最後まで心血注ぐご指導をいただいた。先生はどんなに忙しい時であっても適切なご指導をくださったばかりでなく、常に研究しやすい環境を整えてくださった。先生のもとで民俗学の研究方法を学んだことにより、自分の書きたかった論文が少しずつではあるが、形となってまとまって完成にたどり着くことができた。小松先生との出会いなくしては、博士論文の完成はありえなかった。心から感謝するとともに厚くお礼申し上げたい。

そして長きにわたり副指導教官であった栗山先生には、主任指導教官同様の熱心かつ懇切丁寧なご指導をいただいた。栗山先生は、お忙しい時間を割いて、私の原稿に何度も何度も目を通して、何時間もご指導をしてくださった。ここまでしてくださる先生はめったにいないと感激したものである。小松先生と同様に栗山先生なくしては、博士論文の完成はありえなかった。栗山先生には深く感謝するばかりである。

もう一人の副指導教官である早川先生は、神戸女学院在学中に先生の授業を受けて以来、長年お世話になっている。私の研究に大変関心を持ってくださり、いつも示唆に富むご指導をいただき励ましていただいた。また、大学院に入学してから、先生のもとでアルバイトをさせていただいたり、企業の研究助成の推薦をしていただいたりなど、学問以外の面においても、大変お世話になっている。改めてお礼を申し上げたい。

指導教官の先生方以外にも、元所長山折哲雄先生をはじめ日文研の先生方には、論文がなかなか書けず落ちこんで沈んだ顔をしていると、いつも温かい励ましとさまざまなアドバイスをいただいた。また、日文研以外の先生方にも、大変温かくご指導をいただいている。博士論文の公開審査に来ていただいた佐々木宏幹先生はとても優しい方で、審査の時も、さまざまなご示唆をいただき、研究を励ましていただいた。そして今回の出版に際しても長時間ご指導をいただいた。以前から佐々木先生を尊敬していた私にとってそれらは大きな励みとなった。また、花園大学佐々木閑先生をはじめ、他大学の先生方からも、経典についてのご指導をはじめさまざまなご教示をいただいた。ご指導いただいたすべての先生方に心より感謝申し上げたい。

こうして振り返るに、私には、指導していただいた先生方が何人もいる。それぞれ専門分野の異なる先生方である。普通の大学院生なら、あまりありえない状況であろう。しかし、私は先生方お一人お一人からそれぞれの専門分野の方法論や知識をご教授いただいた。序論でも述べるように、仏教民俗学や美術史、衣服学、仏教学などの方法論を駆使して分析することが可能になったのは、多くの先生方から学んだお陰である。先生方のご指導がなければ、このような論文を書くことは不可能であったであろう。たくさんの指導教官との出会いと温かいご指導に、深く感謝するばかりである。

また、大学院では、日本人のみならずさまざまな国々の先輩後輩、友人にも恵まれた。先輩後輩という枠を超えた友人たちは、博士論文を書くにあたって、さまざまな面で力を貸してくれた。経典の語源を一緒に調べてくれた伊藤奈保子さん、ダイアン・リッグズさん、那須真裕美さん、何時間も議論して意見を言ってくれた片平幸さん、文章を添削してくださった亀田洋子さん、などなど手助けの力は計り知れない。学問に関する手助けのみならず、研究以外の面においても、つらい時に差し入れを持ってきて励ましてくれた稲賀眞理さん、戦暁梅さんをはじめとする方々が、私が論文を完成できるようさまざまな面で配慮をしてくれた。そういったいろいろな方々の支えによって論文を書くことができた。また、日文研の職員の方々や大学院以外の方々にも支えていただいた。頂いた恩恵は数え切れないが、こうした多くの方々の後押しが大きな力となった。紙面の都合上、全員のお名前を挙げてお礼申し上げられないが、温かく応援し続けてくださった方々に心から感謝の意を述べたい。

それから、今日まで私が研究を続けることができたのは、両親の経済的、精神的な援助の力によるものが大きい。私の夢の実現に、両親がいつも理解を示し、応援してくれた。こうした後ろ盾の力強さに心から感謝している。

最後に、私にこのような機会を与えてくださった法藏館西村七兵衛社長、出版に際し大変お世話になった上別府茂編集長、大山靖子氏、辻本幸子氏に深く感謝申し上げたい。

このように本書は、一領の糞掃衣をつくり上げるのと同じく、数多くの方々に支えられて、その心が一つとなって実を結んだものである。支えてくださった方々お一人お一人に感謝しながら本書を捧げたい。

二〇〇六年四月

松村薫子

日本仏教史研究叢書刊行にあたって

仏教は、普遍的真理を掲げてアジア大陸を横断し、東端の日本という列島にたどり着き、個別・特殊と遭遇して日本仏教として展開した。人びとはこの教えを受容し、変容を加え、新たに形成し展開して、ついには土着せしめた。この教えによって生死した列島の人々の歴史がある。それは文化・思想、さらに国家・政治・経済・社会に至るまで、歴史の全過程に深く関与した。その解明が日本仏教史研究であり、日本史研究の根幹をなす。

二十世紀末の世界史的変動は、一つの時代の終わりと、新たな時代の始まりを告げるものである。歴史学もまた新たな歴史像を構築しなければならない。終わろうとしている時代は、宗教からの人間の自立に拠点をおいていた。次の時代は、再び宗教が問題化される。そこから新しい日本仏教史研究が要請される。

新進気鋭の研究者が次々に生まれている。その斬新な視座からの新しい研究を世に問い、学界の新たな推進力となることを念願する。

二〇〇三年八月

日本仏教史研究叢書編集委員

赤松徹真　大桑　斉
児玉　識　平　雅行
竹貫元勝　中井真孝

松村　薫子（まつむら　かおるこ）
1972年福井県に生まれる。1996年大手前女子大学文学部日本文化学科卒業、1998年神戸女学院大学大学院文学研究科日本文化学専攻修了、2003年総合研究大学院大学文化科学研究科国際日本研究専攻単位取得退学、2004年総合研究大学院大学から博士（学術）取得。現在、国際日本文化研究センター機関研究員。主な論文に、「『糞掃衣』研究」（『文化論輯』第8号、1998年）、「金襴袈裟の展開」（『密教図像』第19号、2001年）等がある。

日本仏教史研究叢書
糞掃衣《ふんぞうえ》の研究
――その歴史と聖性――

二〇〇六年　六月三〇日　初版第一刷発行
二〇一二年一〇月一〇日　初版第二刷発行

著　者　松村薫子
発行者　西村明高
発行所　株式会社　法藏館
京都市下京区正面通烏丸東入
郵便番号　六〇〇-八一五三
電話　〇七五-三四三-〇〇三〇（編集）
〇七五-三四三-五六五六（営業）

印刷・製本　亜細亜印刷株式会社

ISBN 978-4-8318-6033-0 C1321